Cabeza y no Cola

Cabeza y no Cola

DANIEL CIPOLLA

NIKHOS IDEAS
IDEAS QUE TRANSFORMAN GENTE

© 2016 **Nikhos Ideas, Inc.**
14850 SW 26th Street, Suite 109
Miami, Florida, 33185
Tel: (305) 408-7298
Fax: (786) 533-3124
www.nikhosideas.org

Este es un libro producido por:
Nikhos Editorial y **Nikhos Art**
(Divisiones de Nikhos Ideas, Inc.)

Corrección: Natalia Cipolla
Edición: Zully Perez
Corrección final: Mariel Cipolla

Diseño de Portada e Interior: Horacio Ciccia

Reservados todos los derechos. Ninguna parte de este libro puede reproducirse en ninguna forma sin el permiso escrito de Nikhos Ideas, Inc.

Salvo en los casos en que se indiquen otras versiones, todas las citas bíblicas se han tomado de La Santa Biblia, Versión Reina-Valera 1960, © Sociedades bíblicas en América Latina, 1960. Renovado © Sociedades Bíblicas Unidas, 1988.
Usada con permiso. Todos los derechos reservados.

ISBN # 978-1-955588-14-0

E-ISBN # 978-1-955588-15-7

2ª Edición

ÍNDICE

A todos sus hijos — 7

Capítulo 1: **El dedo de Jesús** — 9

Capítulo 2: **Escribir en tierra** — 17

Capítulo 3: **Te equivocaste de hombre** — 25

Capítulo 4: **A espaldas de él** — 35

Capítulo 5: **Quiso matarlo** — 45

Capítulo 6: **Respaldo vs. aprobación** — 55

Capítulo 7: **Tú, sí; yo, no** — 67

Capítulo 8: **Cabeza y no cola** — 81

Capítulo 9: **Oídos Hi-Fi** — 97

Capítulo 10: **El germen** — 115

Capítulo 11: **La mezcla** — 127

Capítulo 12: **Culto tour** — 139

Capítulo 13: **¡Mee...!** — 155

Capítulo 14: **Generación en conquista** — 171

Acerca del autor — 191

A todos sus hijos

A todos sus hijos llamó el Señor; pero... ¿todos oímos su voz y lo seguimos?

A todos sus hijos creó el Señor "... *para alabanza de su gloriosa gracia, que nos concedió en su Amado*" (Efesios 1:6, NVI); pero... ¿todos vivimos para alabarle como Él se lo merece?

A todos sus hijos colocó el Señor en su familia para vivir en plenitud día tras día; pero... ¿todos experimentamos esa vivencia única?

¿Qué nos pasa? ¿Acaso Dios expresa palabras que no cumple? ¿Es hombre para que mienta? Todos sabemos que la respuesta a estas preguntas depende exclusivamente de lo que cada uno de nosotros esté experimentando en su comunión con el Señor.

Mientras acumulemos kilómetros en el desierto, nos perderemos de alcanzar lo que Dios ya nos ha concedido para que su vida celestial y sobrenatural se manifieste a través de nosotros. Él nos concedió todo para vivir plenamente en otra dimensión, sin importar dónde vivamos. Si creemos que Dios es veraz, que promete y cumple, pues entonces podremos ponernos de pie, firmes en lo que Cristo ya consiguió, y nadie nos podrá mover de allí.

A todos sus hijos, Dios nos ascendió junto con Aquel que traspasó los cielos; sí, leíste bien, Aquel que traspasó los cielos para sentarnos junto a Él en un lugar celestial de privilegio. Ahora mismo, desde esa posición de autoridad que Cristo nos concedió, podemos declarar con convicción de fe: *"El Señor te pondrá a la cabeza, nunca en la cola. Siempre estarás en la cima, nunca en el fondo, con tal de que prestes atención a los mandamientos del Señor tu Dios que hoy te mando, y los obedezcas con cuidado"* (Deuteronomio 28:13, NVI). Pero… ¿con qué propósito el Señor nos dio esa posición de privilegio *a todos sus hijos*? Para anunciar a una voz que Cristo gobierna y reina sobre las naciones, proclamando con nuestras vidas y acciones las virtudes de nuestro Señor, al manifestar su luz admirable en este mundo.

Al leer este libro con fe, la fe de Cristo que habita en ti, tendrás una nueva comprensión de lo que Dios te concedió a través de su Hijo Jesucristo, y al ser lleno del Espíritu Santo podrás vivir cada día como cabeza y no como cola.

¡Adelante! Comienza a leer. ¡¡¡Siempre eres bendecido en Cristo Jesús!!!

Marta de Cipolla

Capítulo 1

El dedo de Jesús

*Pero Jesús, inclinado hacia el suelo,
escribía en tierra con el dedo.*

Juan 8:6b

Creo vislumbrar una de las razones por la cual no existen registros históricos de que Jesús haya tomado pluma y papel para escribir un libro. Desde tiempos antiguos, el Señor prometió escribir su libro en un papel especial que ningún autor humano podría jamás utilizar. Antes de empezar a escribir seleccionó cuidadosamente *el papel* en el que dejaría impresas sus palabras, y habiéndolo escogido, dijo: *"... sobre su corazón las escribiré; y seré a ellos por Dios, y ellos me serán a mí por pueblo..."* (Hebreos 8:10b, énfasis añadido). Considero que el hecho de que el Señor haya escogido el corazón humano como *el papel* donde escribiría sus palabras, es una razón suficiente para que la Escritura muestre que la única ocasión en la que Jesús escribió, lo hizo con su dedo y en la tierra.

Fue precisamente en esa particular mañana cuando los dirigentes religiosos trajeron ante Jesús a una mujer sorprendida en adulterio, para acusarla y apedrearla.

Ante la insistente acusación contra la mujer, el Señor dejó de escribir por un instante y se enderezó solo para decir: *"El que de ustedes esté sin pecado, sea el primero en tirarle una piedra"* (Juan 8:7b, NBLH). Al terminar de expresar sus certeras y penetrantes palabras, se volvió a inclinar para retomar su tarea: *escribir en tierra*.

Las palabras del Maestro, llenas de gracia y de poder, llegaron hasta lo más profundo de cada uno de los presentes, quienes se fueron del lugar acusados por su propia conciencia. En la escena solo quedaron Jesús y la mujer acusada. Nuevamente Jesús dejó de escribir para mirar a la mujer y depositar en ella palabras de vida y perdón: *"Ni yo te condeno; vete, y no peques más"* (Juan 8:11b).

El viento sopla

Una de las particularidades de escribir en tierra, es que el viento borra fácilmente los trazos que se hacen en ella. Ninguno de nosotros consideraría escribir en tierra palabras de valor, dejando su destino final a voluntad del viento. Sin embargo, Jesús no parece haber pensado igual. Hace siglos que Dios escribe con su dedo sobre este *polvo* que es la humanidad, aunque observa con tristeza cuántas veces el viento de la individualidad y la independencia borra fácilmente lo que Él escribe para nuestro bien.

Aunque sabemos que somos *polvo*, seguimos intentando escribir nuestra propia historia a nuestro modo, siendo que al final lo único que logramos escribir son garabatos horribles e ilegibles de maldad, corrupción y destrucción. Allí el gran amor de Dios hace que el bendito Espíritu Santo sople sobre los garabatos hechos en el *polvo*, aplicando con efectividad y ternura la majestuosa obra de

Cristo en la cruz del calvario. Por otra parte, el Espíritu Santo está soplando sobre la Iglesia para quitar de ella todo trazo de religiosidad que está siempre dispuesto a señalar y condenar, pero completamente imposibilitado para perdonar y dar vida. La Iglesia no es enviada a mirar el aspecto del cielo y ocuparse de sus arreboles (ver Mateo 16:2-3), volviéndose una experta en pronosticar y describir la clase de maldad, fealdad y destrucción en la cual el mundo vive sumergido. Por el contrario, el soplo del Espíritu sobre la Iglesia es para que levante su mirada, se aclare su visión y comprenda cuál es su labor imprescindible e irremplazable en medio de todo el caos presente. Solo así, será capaz de mostrar a este mundo, en forma real, que cuando el pecado abunda sobreabunda la gracia (ver Romanos 5:20).

La tierra por conquistar

Sabemos por la Palabra que toda una generación del pueblo de Israel conducida por Moisés quedó tendida en el desierto y no pudo conquistar la tierra que Dios le había prometido y entregado. ¿La falla estuvo en la orden de Dios o en la actitud de su pueblo? Aunque la voluntad de Dios fue que la generación que salió cautiva de Egipto tomara y disfrutara la tierra prometida, la actitud obstinada, incrédula y desobediente de la gente cerró la puerta hacia la conquista de lo que Dios había prometido.

Más tarde, y bajo la dirección de Josué, los hijos de esa generación que murió en el desierto fueron quienes entraron y poseyeron la tierra prometida. Aquellos que habían visto los fracasos y errores de sus padres tuvieron la humildad y la valentía para aprender de sus desaciertos, con el fin de no fracasar en la misión que Dios les había encomendado.

La gente que vemos hundida en el pecado es la tierra que Dios nos envía a conquistar. Quienes pertenecemos al cuerpo de Cristo estamos siendo confrontados por el Espíritu Santo a observar con humildad, valentía y fe, los errores, desobediencias y fracasos del ayer, a fin de romper con la incredulidad y toda clase de religiosidad. Como resultado de nuestra sumisión y obediencia a la acción liberadora del Señor, la Iglesia podrá asumir su posición real de cabeza.

El Espíritu Santo está soplando sobre la faz de la Tierra. Este fluir de Dios nos hace responsables de elegir en qué espíritu hemos de vivir y caminar. Si nos conformamos al espíritu de la generación que condujo Moisés en el desierto, tendremos las promesas, pero sin posibilidad alguna de poseerlas. En cambio, si elegimos andar en el espíritu de la generación que condujo Josué, experimentaremos una bendición mayor; *no solo conocer las promesas, sino también poseerlas*. Entonces, ¿cuál será nuestra actitud ante la conquista que tenemos por delante?, ¿una actitud de temor que ve gigantes y tierra que traga a sus moradores, o una actitud de fe, que la considera como pan comido porque el Señor está con nosotros?

La Escritura nos da a conocer que se enviaron doce príncipes como espías a reconocer la tierra de Canaán, pero solo dos de ellos, Josué y Caleb, entraron a poseer la tierra debido a que hubo en ellos *otro espíritu* (ver Números 14:24). Al decir *otro espíritu*, el Señor definió magistralmente con tan solo dos palabras el abismo existente entre la actitud espiritual de Josué y Caleb y la del resto del pueblo.

Bajo la dirección de Moisés, Israel fue *el pueblo de Dios*, pero no supo ser *el ejército de Dios* porque para ello necesitaba un cambio de espíritu, a fin de recibir un *espíritu de conquista.* El Israel que salió de Egipto fue un pueblo gobernado por un *espíritu de preservación*; en cambio, el Israel que tomó Jericó fue un ejército gobernado por un *espíritu de conquista.* Ellos escucharon la voz del Altísimo, creyeron, obedecieron su Palabra sin dudar y actuaron de acuerdo con ella. Caleb tenía ochenta y cinco años cuando llegó por fin a tomar lo que le pertenecía.

Es necesario enfatizar que *todo* el pueblo de Dios debía conquistar la tierra, no solo los más jóvenes. Este hecho sirve de ejemplo para comprender que la conquista que tenemos por delante nada tiene que ver con edades cronológicas. Es una conquista reservada exclusivamente para los *hijos obedientes* a la voz, el mover y la orden del Espíritu Santo en corazones sensibles, que al igual que Josué y Caleb, posean *otro espíritu.*

Es a través de nosotros, su cuerpo, su Iglesia, que el *dedo de Jesús* sigue escribiendo en tierra. Lo que Dios alcance a escribir sobre esta generación no depende de su poder o majestad, ya que Él ha decidido obrar en este mundo por medio de su Iglesia. Es absolutamente nuestra la responsabilidad de que *la escritura del dedo de Jesús sobre este polvo que es la humanidad* se muestre tan impactante que la generación en la cual vivimos nos vea como ciudad deseada (ver Isaías 62:12).

La Iglesia necesita ser consciente de que el espíritu y la mentalidad que la gobiernen, determinarán el destino que ella logre alcanzar. Como Iglesia de Dios, no reposemos ni le demos tregua al Señor hasta que restablezca a su pueblo y sea puesto por alabanza en la tierra (ver Isaías 62:6-7). De esta manera todas las naciones dirán: *"... Iremos con ustedes, porque hemos oído que Dios está con ustedes"* (Zacarías 8:23b, NBLH).

La generación que conquista la tierra es aquella que se ha liberado del espíritu de acusación y condena que por tanto tiempo ha caracterizado a la estructura social religiosa.

La generación que conquista la tierra sabe que está puesta en el mundo para traer perdón, restauración y vida abundante en Cristo Jesús.

La generación que conquista la tierra es la que se está moviendo inspirada por el soplo del Espíritu Santo, a fin de que la poderosísima obra de Cristo sea profundamente efectiva en cada vida.

La generación que conquista la tierra es la que ve el desafío de Dios con los ojos del Espíritu. Sabe que el Señor está a su lado para hacer que la conquista de lo prometido sea como pan para comer.

La generación que conquista la tierra cumple fielmente la misión de ser el dedo de Jesús que escribe sobre este "polvo", llamado humanidad.

La Iglesia de Cristo de esta generación, sabe que es cabeza y no cola; Dios ha delegado en ella la misión de ser la generación que conquista la tierra.

Capítulo 2

Escribir en tierra

E inclinándose de nuevo hacia el suelo, siguió escribiendo en tierra.
                                         Juan 8:8

Así como el Señor le hizo promesas a Israel y las dejó por escrito, lo mismo ha hecho para quienes pertenecen a Cristo. Todo aquello que la Palabra declara sobre nosotros como hijos de Dios es para que lo poseamos, vivamos y disfrutemos. Sabemos que:

- Somos la sal y la luz de este mundo (ver Mateo 5:13-14).
- Somos más que vencedores (ver Romanos 8:37).
- Nuestra fe ha vencido al mundo (ver 1ª Juan 5:4).
- Mayor es el que está en nosotros que el que está en el mundo (ver 1ª Juan 4:4).

- Estamos sentados en lugares celestiales con Cristo Jesús (ver Efesios 2:6).
- El poder que resucitó a Jesucristo de los muertos actúa en nosotros (ver Efesios 1:19).
- Cuando amamos, honramos y obedecemos al Señor somos cabeza y no cola (ver Deuteronomio 28:13).

Si continuara escribiendo declaraciones y promesas del Señor para los suyos, el listado sería extenso. Son muchas las expresiones contenidas en la Palabra en las que se expresa lo que somos y tenemos en Cristo Jesús.

A Moisés y a la generación que él condujo a través del desierto les fue entregada por Dios la tierra de Canaán, pero jamás la poseyeron. De igual manera actúan todas las promesas que el Señor nos dejó en su Palabra; aunque son reales y nos han sido entregadas, es necesario aprender a poseerlas.

Porque también a nosotros se nos ha anunciado la buena nueva como a ellos; **pero no les aprovechó el oír la palabra, por no ir acompañada de fe en los que la oyeron.*

Hebreos 4:2, (énfasis añadido).

Así habla la Palabra del Señor acerca del Israel que recibió la orden de Dios de poseer la tierra de Canaán. La bendición prometida no les sirvió de nada, ya que no hubo fe en sus corazones para arrebatarla.

Como hemos visto, Dios le ha dado a su Iglesia la responsabilidad de ser la escritura del dedo de Jesús en la tierra. En esta función, es en vano decir mucho, si se escribe poco. Esto equivale a predicar mucho acerca del evangelio que transforma las vidas, sin mostrar una vida transformada; predicar arrepentimiento, sin mostrar actitudes cotidianas de arrepentimiento; predicar fe, sin dar pasos reales de fe; predicar santidad, sin ser portadores de la verdadera santidad que solo produce el Espíritu Santo.

Enderezándose...

El relato que describe la historia de la mujer sorprendida en adulterio menciona dos ocasiones en las que Jesús dejó de escribir en la tierra y se enderezó con un objetivo específico. La primera vez para responder a los religiosos que tenían la responsabilidad de vivir y enseñar la Palabra de Dios al pueblo. Esos hombres debían ser la escritura del *dedo de Dios en la tierra*, pero al venir Jesús al mundo, les mostró que "lo escrito por ellos en la tierra" no tenía nada que ver con la verdadera enseñanza del Padre Dios. Es más, Jesús llegó a decirles que ellos respondían a su padre el diablo (ver Juan 8:44). Lo paradójico de estos religiosos es que, habiendo sido elegidos por Dios para ser sus representantes en este mundo, se transformaron en representantes del diablo. Por esa razón, la primera vez que Jesús se enderezó fue para decirles: *"El que de ustedes esté sin pecado, sea el primero en tirarle una piedra"* (Juan 8:7b, NBLH). Luego de estas palabras cada uno de esos hombres, comenzando desde los ancianos hasta los más jóvenes, se fueron del lugar acusados por su conciencia (ver Juan 8:9). Esos religiosos se habían vuelto tan tercos, injustos y legalistas, que habían quedado inhabilitados para conducir al pueblo de Dios. Solo imponían cargas a los demás que ellos no querían tocar ni siquiera con un dedo (ver Mateo 23:4).

Cada uno de los que formamos parte de la Iglesia de Jesucristo somos representantes del Señor en el mundo. Estamos llamados a vivir genuinamente el evangelio desde lo más íntimo de nuestra vida personal y familiar. Si no vivimos en pureza y sencillez el evangelio que predicamos, lamentablemente repetiremos la misma historia de estos religiosos. Jesús tendrá que enderezarse para pronunciar palabras por las cuales nuestra conciencia nos acusará del mismo pecado con el que condenamos a los demás. De esta forma, estaremos predicando y orando acerca de destruir las obras del diablo en la vida de otras personas, y a la vez, acariciando peores obras del maligno en nuestras almas. Esto traerá como consecuencia quedar inhabilitados como genuina y pura escritura del *dedo de Jesús en la tierra*.

La segunda vez que Jesús se enderezó la escena cambió por completo. En esta ocasión solo habían quedado Jesús y la mujer; ningún acusador, nadie que la condenara. Jesús le ofreció a la mujer perdón, vida y restauración, pero en ningún momento consintió con su pecado, ya que su respuesta fue: *"Ni yo te condeno; vete,* **y no peques más***"* (Juan 8:11b, énfasis añadido). Aquí vemos a Jesús utilizando la Palabra de Dios por el Espíritu Santo; esa fue, es y será la característica esencial de Jesús y sus verdaderos siervos, en oposición a la estructura social religiosa de cualquier época.

Qué privilegio es llegar a formar parte de la generación ante la cual Jesús se endereza para decirle: *Estás poseyendo mis promesas, estás conquistando la tierra prometida, estás permitiendo que mi gloria se manifieste de tal modo en mi Iglesia, que todos pueden ver que es un pueblo puesto por honra, alabanza y cabeza sobre la faz de la Tierra.* Nuestra actitud ante el llamado de Dios marcará la diferencia de lo que escribamos en tierra: *acusación o perdón; condenación o misericordia; muerte o vida; promesas leídas o promesas cumplidas.*

Cristo ha delegado en nosotros autoridad, ¡su autoridad! Jesucristo es nuestra victoria a fin de que seamos su instrumento para vivenciar y manifestar esa victoria en el mundo, hasta que *el Dios de paz aplaste a Satanás bajo nuestros pies* (ver Romanos 16:20a). En nuestra respuesta al llamado de Dios tanto en lo personal como en lo colectivo, estará señalado nuestro éxito o fracaso en la misión que se nos ha encomendado.

La generación que conquista la tierra es aquella que atesora las promesas de Dios para creerlas y poseerlas.

La generación que conquista la tierra vive, enseña y disfruta la fe que predica.

La generación que conquista la tierra es íntegra y coherente, lo que dice es lo que hace.

La generación que conquista la tierra predica la destrucción de las obras del diablo, que han sido primeramente destruidas en sus propias vidas.

La generación que conquista la tierra, al igual que Jesús, habla la Palabra de Dios por el Espíritu Santo, a fin de ser espíritu y vida.

La generación que conquista la tierra vive aplastando a Satanás bajo sus pies.

La Iglesia de Cristo de esta generación sabe que es cabeza y no cola; Dios ha delegado en ella la misión de ser la generación que conquista la tierra.

Capítulo 3

Te equivocaste de hombre

Pero el Señor les dijo a Moisés y a Aarón: «Puesto que ustedes no creyeron en mí, ni me santificaron delante de los hijos de Israel, no llevarán a esta congregación a la tierra que les he dado.»
Números 20:12, RVC

Por eso el SEÑOR se enojó mucho contra ellos y juró: "De todos los que rescaté de Egipto, ninguno de veinte años o más verá jamás la tierra que juré dar a Abraham, a Isaac y a Jacob, porque no me han obedecido de corazón. **Las únicas excepciones son Caleb, hijo de Jefone el cenezeo, y Josué, hijo de Nun, porque ellos han seguido al SEÑOR de todo corazón**".
Números 32:10-12, NTV, (énfasis añadido).

La respuesta personal al llamado de Dios es algo muy trascendental. Aunque *todos* los israelitas estuvieron bajo la nube, *todos* pasaron el mar, *todos* comieron el mismo alimento espiritual y *todos* bebieron la misma bebida espiritual, la mayoría de ellos no agradó a Dios y no pudieron pasar del desierto a la tierra prometida. Todas estas cosas sucedieron como ejemplo para nosotros (ver 1ª Corintios 10:1-6).

La Escritura relata abiertamente la vida y obra de muchos siervos de Dios. Él expuso sus errores y aciertos para que sus vidas y acciones sirvieran de ejemplo para todas las generaciones. Al meditar en las situaciones que ellos atravesaron, debemos aprender a evitar los errores y enfocarnos solamente en imitar sus aciertos, por la fuerza del Espíritu. Nuestra responsabilidad como cuerpo de Cristo es mucho mayor que la de aquellos siervos, ya que tenemos a nuestra disposición *todo el consejo de Dios*, por lo tanto, será inútil tratar de justificar nuestras acciones erradas delante del Señor.

Argumentos y excusas

La manera en que Moisés y Josué respondieron al llamado de Dios fue muy diferente. Sin embargo, esa diferencia no fue causada por el Señor, sino por la actitud que cada uno de ellos asumió en el momento de ser llamados por Él.

En Éxodo, capítulos tres y cuatro, se narra el llamado de Dios a Moisés. La actitud de Moisés ante el llamado del Señor se vio reflejada en sus respuestas. Veamos algunas de ellas:

> ... «¿*Y quién soy yo para ir ante el faraón y sacar de Egipto a los hijos de Israel?*»
>
> Éxodo 3:11b, RVC
>
> ... *yo voy y les digo a los hijos de Israel: "El Dios de sus padres me ha enviado a ustedes"...*
>
> Éxodo 3:13a, RVC
>
> ... «*Va a resultar que ellos no me creerán, ni oirán mi voz. Más bien, dirán: "El Señor no se te ha aparecido."*»
>
> Éxodo 4:1, RVC
>
> ... «*¡Ay, Señor! Yo nunca he sido hombre de fácil palabra, ni antes ni ahora que hablas con este siervo tuyo. Y es que soy muy lento para hablar, y mi lengua es muy torpe.*»
>
> Éxodo 4:10, RVC
>
> ... «*¡Ay, Señor! ¡Por favor, envía a quien debes enviar!*»
>
> Éxodo 4:13, RVC

En Josué, capítulo uno, leemos acerca del llamado de Dios a Josué. En este caso nos encontramos con un relato muy corto, ¿por qué razón?, porque Josué no dijo una sola palabra y se limitó a escuchar la voz de Dios. Cuando el Señor terminó de hablar, la única acción de Josué fue de absoluta obediencia.

> *Entonces Josué les ordenó a los oficiales del pueblo: «Recorran todo el campamento y díganle al pueblo que prepare comida, porque dentro de tres días ellos cruzarán el Jordán para tomar la tierra que el Señor nuestro Dios va a darles.»*
>
> Josué 1:10-11, RVC

En oportunidades anteriores, Josué aparece mencionado pocas veces en las Escrituras. Se lo describe como siervo de Moisés (ver Éxodo 24:13-15), como jefe del ejército de Israel (ver Éxodo 17:9, 14) y como un hombre joven que *"... nunca se apartaba de en medio del tabernáculo"* (Éxodo 33:11b).

Condicionado por el bagaje

Moisés y Josué fueron llamados por Dios para realizar la misma tarea: conducir al pueblo de Israel. Sin embargo, los pasajes bíblicos que acabas de leer muestran que la manera en la que cada uno de ellos respondió al Señor fue muy diferente, ¿a qué podemos atribuir esa desigualdad? Cabe observar los respectivos estilos de vida, la formación, y el medio ambiente en el que se desarrollaron; en síntesis, el bagaje personal que los condicionaba, para notar algunos aspectos interesantes.

Moisés fue criado en un palacio y adoptado por la hija del faraón como su hijo. Su cultura y conceptos de vida le fueron enseñados a la usanza de los egipcios. Pero aún así, tuvo un corazón dispuesto para el Señor, ya que desestimó su lugar de príncipe egipcio, prefiriendo ser maltratado y sufrir junto al pueblo de Dios (ver Hebreos 11:24-27).

Por otra parte, Josué se formó y creció en medio del pueblo de Dios. Su desarrollo fue en medio del proceso de lucha por poseer lo que Dios les había prometido. Aprendió a conocer al Señor a través del servicio que prestaba a Moisés, y por permanecer en la presencia de Dios, ya que no se apartaba del tabernáculo. Además, a través de sus acciones, Josué demostró que aprendió de los errores de sus mayores para no cometerlos.

Ahora, quiero que nos detengamos a observar exclusivamente el momento del llamado de Dios a cada uno de ellos. De ese modo, podremos ver algunas características de importancia que se encuentran manifestadas en sus respuestas.

A cada frase que Dios expresaba, Moisés argumentaba. Su mirada estaba más enfocada en sí mismo que en el Dios Todopoderoso que le hablaba. Se consideraba tan incapaz, que se animó a decirle a Dios: *"¡Señor, te equivocaste de hombre, envía a quien debes enviar!"*

La excusa y la argumentación tienen un contenido de palabras aparentemente muy humildes y espirituales, así como: "es que somos débiles y flacos ante tan magno llamado". Pero, aunque esta "clase de humildad" parezca muy espiritual, no lo es en absoluto, ya que en la excusa y en la argumentación, se coloca al *yo* como Dios. *Yo* puedo o no puedo, *yo* soy capaz o no lo soy, *el yo siempre tiene la primacía*.

El caso de Josué fue completamente diferente al de Moisés. Josué no argumentó ni se excusó ante el Señor, solo actuó con *fe y obediencia*.

El Señor le dijo a Josué: «Tú no temas ni desmayes. Llévate contigo a toda la gente de

> *guerra, y prepárense para atacar a Hai, porque yo te he entregado a su rey y a su pueblo, su ciudad y su tierra.*
>
> *Josué y sus guerreros se prepararon y fueron a atacar a Hai. Para esto, Josué escogió a treinta mil hombres aguerridos, y los envió de noche...*
>
> *No omitió Josué una sola palabra de lo que Moisés le mandó leer ante la comunidad de Israel, junto con las mujeres, los niños y los extranjeros que vivían entre ellos.*
>
> Josué 8:1, 3, 35, RVC

> *Todo lo hicieron tal y como el Señor se lo ordenó a su siervo Moisés, y éste a Josué, quien cumplió las órdenes al pie de la letra.*
>
> Josué 11:15, RVC

La actitud de Josué nos brinda una excelente lección. Debemos romper y echar a un lado el bagaje que nos condiciona y quitar de nuestro camino las excusas y los argumentos. Alejar la mirada de nosotros mismos, de nuestras habilidades y posibilidades, para ponerla en quién nos habla, ya que solo Él nos hace competentes.

> *Ésta es la confianza que tenemos ante Dios por medio de Cristo. Y no es que nos creamos competentes por nosotros mismos, como si esta competencia nuestra surgiera de nuestra propia*

capacidad. Nuestra competencia proviene de Dios, pues él nos hizo ministros competentes...

2ª Corintios 3:4-6a, RVC

Cuando Dios habla, la verdadera espiritualidad es no argumentar ni excusarse, solo creer y actuar en la promesa que Él nos ha dado.

He tenido y tengo la satisfacción de conocer a muchos ministros del Señor. Pero también he visto que muchos de ellos viven condicionados por su bagaje. Todo lo que les han enseñado, lo que han aprendido, la cultura en la que nacieron y se formaron, los años de experiencia ministerial y muchas otras cosas semejantes a estas, se han convertido en su bagaje personal. Este bagaje los condiciona a vivir atados a una mentalidad no renovada, que estorba los propósitos del Señor para con sus vidas. El temor al fracaso o al qué dirán, produce en ellos un gran conflicto interior a la hora de tomar decisiones trascendentes. Este mismo conflicto los atrapa, les impide *oír únicamente a Dios* y actuar en conformidad sin tomar en cuenta ni preocuparse por las consecuencias. Si se trata de arriesgarlo todo por obedecer al Señor, *las consecuencias no están en nuestro control, sino en las manos de Dios*. Todavía estamos a tiempo de permitirle al Señor que rompa con nuestros bagajes personales, y así, transformarnos en parte de la generación que conquista la tierra que Él ya nos ha entregado.

La generación que conquista la tierra es aquella que responde al llamado de Dios en fe y obediencia, sin excusas ni argumentos.

La generación que conquista la tierra es aquella que ha aprendido cada día y a cada momento, a deshacerse de los prejuicios y de las estructuras que la limitan.

La generación que conquista la tierra es aquella que ha desalojado del trono al dios del yo, y actúa confiando en el Dios Todopoderoso.

La generación que conquista la tierra es aquella que continuamente se despoja del bagaje que la condiciona a su pasado, su cultura y su formación, para lanzarse a poseer la promesa que Dios le ha dado.

La generación que conquista la tierra es aquella que arriesga todo por obedecer a Dios, dejando los resultados en sus manos.

La generación que conquista la tierra es aquella que ha aprendido a oír solo a Dios y decir: "... Habla, Señor, que tu siervo escucha" (ver 1° Samuel 3:9b, RVC).

La Iglesia de Cristo de esta generación sabe que es cabeza y no cola; Dios ha delegado en ella la misión de ser la generación que conquista la tierra.

Capítulo 4

A espaldas de él

> *Entonces la mujer de Lot miró atrás, **a espaldas de él**, y se volvió estatua de sal.*
> Génesis 19:26 (énfasis añadido).

E s notable cómo el Señor destaca ciertos acontecimientos que a nuestro parecer pudieran ser detalles irrelevantes, pero que para Él son tan significativos, que se ocupa de describirlos minuciosamente. Los protagonistas de uno de esos eventos particulares fueron Lot y su familia, cuando el Señor les ordenó huir de Sodoma y Gomorra. En esa orden se incluía un "detalle" que cada integrante de la familia debía obedecer estrictamente. Lamentablemente, "ese detalle" fue desobedecido por la mujer de Lot cuando ella estaba a *espaldas de él*, y por esa razón, Dios la convirtió en *estatua de sal*.

Las Escrituras contienen varios relatos acerca de la importancia que posee la actitud tanto de la esposa como de la familia de los ministros del Señor. Por medio de ellos podemos profundizar en el corazón de Dios, y conocer cuáles son las familias en las que el Espíritu de Dios se goza, para hacer de ellas la generación que conquista la tierra.

Comenzaré tomando como ejemplo a Moisés y su familia. Moisés se casó con Séfora, una de las hijas de Jetro, sacerdote de Madián (ver Éxodo 2:21). Séfora era una mujer extranjera que no pertenecía al pueblo de Israel, y con la cual Moisés tuvo dos hijos: Gersón y Eliezer. Luego de ser llamado por Dios, Moisés tomó a su mujer e hijos y se encaminó a Egipto (ver Éxodo 4:20). De pronto, la Escritura menciona a Séfora y a sus hijos junto a Jetro, el padre de Séfora, debido a que Moisés les había enviado de nuevo a vivir con él (ver Éxodo 18:2-5). Si bien la Biblia no señala las razones por las cuales Moisés envió a su familia a vivir con Jetro, es fácil deducir que en gran parte de la misión que Dios le encomendó a Moisés, su esposa Séfora y sus dos hijos no estuvieron junto a él.

A diferencia de Moisés, al observar a Josué, no se menciona ni el nombre de su esposa, ni cómo estaba compuesta su familia. Aún así, son notables las últimas palabras de Josué al pueblo, cuando dijo: *"Por mi parte, mi casa y yo serviremos al Señor"* (Josué 24:15, RVC, énfasis añadido).

En los libros escritos por Moisés, en ningún momento encontramos alguna frase en la que se refiera a su servicio a Dios, pero en *función de familia*. En cambio, en las últimas palabras de Josué podemos apreciar una declaración en la que afirmó que toda su casa, su familia, estaría involucrada en el servicio a Dios.

Hubo una época en que el varón llamado por Dios siempre se encontraba solo debido a que su esposa parecía estar completamente divorciada de su llamado como siervo del Señor. Su relación conyugal era una extraña conjunción de unidad matrimonial y "divorcio ministerial". Por esta razón, era habitual comprobar que la meta y el propósito del siervo de Dios, nada tenían que ver con los de su esposa e hijos. Era como si solo el siervo fuera "llamado a trabajar en el ministerio", mientras que su mujer e hijos realizaban una vida paralela, pero sin ninguna relación con el llamado del varón. Es paradójico e incoherente pensar que aquel que los unió en matrimonio con esta afirmación: "... *así que no son ya más dos, sino uno*" (Marcos 10:8), a su vez dijera: "Pero recuerden que, en cuanto a mi llamado a sus vidas, seguirán siendo dos, y nunca serán uno".

Muchos matrimonios de ministros del Señor han seguido al pie de la letra una ley no escrita en ningún papel, pero labrada en sus corazones con "el cincel de la cultura". Resumo su contenido con las siguientes palabras: "Mira, mujer, nosotros nos llevaremos muy bien, siempre y cuando tú te ocupes de lo tuyo y yo me ocupe de lo mío, que es el ministerio que el Señor me dio".

Habrás notado que los últimos párrafos en los cuales describí el "divorcio ministerial" experimentado por muchos matrimonios de siervos de Dios, los escribí utilizando el tiempo *pasado*. Escogí esta forma verbal intencionalmente con la finalidad de hacerte comprender rotundamente que *ese tiempo ha terminado*. Los siervos de Dios que forman parte de la generación que conquista la tierra, son aquellos que entienden el latir del corazón de Dios y la voz del Espíritu Santo. Quienes comprenden que es una falacia intentar conquistar la tierra, argumentando que han sido llamados por el Señor en forma individual y personal. Si fallamos en conquistar *nuestra propia familia*, no tendremos autoridad para conquistar la tierra que está a nuestro alrededor. La voluntad del Señor es que la familia del varón que ha sido llamado por Él se transforme en la que conquiste la tierra.

Satanás se ha mofado por mucho tiempo de las familias cristianas, como también de los siervos de Dios. He visto varones cumpliendo el llamado del Señor, mientras su esposa abraza otras metas en su corazón, y sus hijos viven ajenos al propósito de Dios o en rebelión contra sus padres y lejos del Señor.

Una mujer extranjera

El significado espiritual básico de la frase *una mujer extranjera*, hace referencia a una mujer que no pertenece a Cristo. Cuando la Palabra declara: *"No se unan con los incrédulos en un yugo desigual..."* (2ª Corintios 6:14a, RVC) coloca un fundamento sólido para afirmar que un matrimonio entre un siervo de Dios y una mujer no creyente, es una relación que el Señor considera un yugo desigual. Pero también debo decir que en algunos matrimonios en los que ambos son creyentes, también existe una clase de yugo desigual en el cual debemos detenernos y profundizar.

Hay dos males que se experimentan con frecuencia. El primero tiene que ver con aquel varón que recibe un llamado de Dios, pero no es capaz de entregarse a su esposa de la manera en que Cristo lo hizo por su Iglesia, a fin de que ella comprenda y discierna que ahora ambos comparten el mismo llamado. Desde que el varón ha decidido unirse a su mujer ha dejado de ser soltero y ahora junto con su esposa *son uno delante de Dios*. Por lo tanto, ya no podrá cumplir su llamado como si estuviera soltero, y a la vez creer que la bendición de Dios está sobre su vida y ministerio.

El segundo mal está directamente relacionado con el corazón de la mujer. Muchas veces encontramos esposas de siervos de Dios que únicamente están dispuestas a servir y andar junto a sus esposos en el ministerio, bajo ciertas condiciones preestablecidas. En las actividades que ellas realizan y que todo el mundo puede ver, no hay nada que condenar. Pero en sus corazones, la mirada está puesta en otro lugar.

La mujer de Lot es un claro ejemplo de un corazón de mujer extranjera. La historia relata que dos ángeles llegaron a la casa de Lot en la ciudad de Sodoma para anunciar que el lugar sería destruido a causa de la maldad de sus moradores (ver Génesis 19:12-13). A los yernos de Lot todo esto les pareció locura, así que los ángeles apresuraron a Lot, a su mujer y a sus dos hijas, para que no perecieran en el castigo dispuesto por Dios sobre la ciudad (ver Génesis 19:14-15). Por la misericordia de Dios, Lot, su mujer e hijas fueron llevados fuera de la ciudad de Sodoma (ver Génesis 19:16). En ese momento cesó la ayuda de los ángeles, y la responsabilidad estuvo enteramente sobre cada uno de los integrantes de la familia de Lot. Los ángeles entonces expresaron el detalle divino con estas palabras: *"Escapa por tu vida; **no mires tras de ti, ni pares en toda esta llanura**; escapa al monte, no sea que perezcas"* (Génesis 19:17, énfasis añadido). Lot le rogó a los ángeles no escapar al monte, sino huir a una ciudad pequeña cerca de allí. La respuesta angelical a su súplica fue la siguiente: *"Date prisa, escápate allá; porque nada podré hacer hasta que hayas llegado allí"* (Génesis 19:22). Luego, el Señor hizo llover azufre y fuego sobre Sodoma y Gomorra. En ese mismo instante la mujer de Lot *"... **miró atrás, a espaldas de él**, y **se volvió estatua de sal**"* (Génesis 19:26 énfasis añadido).

Esta historia nos muestra dos hechos importantes y muy interesantes. En primer lugar, la gran misericordia de Dios hacia Lot y su familia, de tal modo que los ángeles mismos les tomaron de la mano para sacarlos de la ciudad. Lot suplicó refugiarse en Zoar, y eso también se le concedió. La única responsabilidad por parte de ellos era *no pararse, ni mirar atrás*. Sin embargo, a la mujer de Lot no le importó la Palabra del Señor, y fue la única persona de la familia que miró hacia atrás, lo cual hizo *a espaldas de su marido* recibiendo así el justo castigo de Dios.

Cuando una mujer es extranjera en su corazón, sus intenciones más profundas de apego al mundo las ejecuta *a espaldas de su marido*. A la vista de todos está con él, pero en su corazón está apegada a Sodoma y Gomorra. La pregunta pertinente es: ¿por qué Dios la transformó en estatua de sal? Dios podría haberla castigado con cualquier otro tipo de juicio. La estatua podría haber sido de cualquier otro material, sin embargo, fue sal. ¿Por qué? Porque la mujer de Lot, junto con su familia, eran los responsables de ser la sal de su ciudad, así como los hijos de Dios somos la sal del mundo. La mujer de Lot, como sal, se había hecho insípida, no servía para nada más; como dijo Jesús, solo sirve *"... para ser arrojada a la calle y pisoteada por la gente"* (Mateo 5:13b, RVC).

Cuando nuestro corazón está apegado al mundo somos como la mujer de Lot: sal en un estado inservible. Solo quedamos en pie como una estatua, como una horrenda imagen ante el mundo de lo que debimos haber sido, pero que jamás hemos logrado ser.

Así como los ángeles sacaron a la familia de Lot fuera de la ciudad, nosotros, por la sangre de Cristo, hemos sido rescatados del espíritu de "la Sodoma y Gomorra actuales" que gobierna a este mundo. Es imposible que sirvamos a Dios en nuestras ciudades con el corazón apegado a lo que Sodoma y Gomorra nos ofrecen.

Una mujer *extranjera en su corazón* vive *su* vida, *sus* proyectos, *sus* anhelos y *sus* planes. En definitiva, no es participante del llamado de Dios a su varón. Los hijos de un matrimonio así se encuentran viviendo en una casa dividida donde se beben dos aguas. La triste realidad es que los hijos son las víctimas de esa división. Muchos de ellos se encuentran heridos profundamente e incapacitados de recibir el amor y el magnífico plan de Dios para ellos.

La generación que conquista la tierra se compone de matrimonios que han comprendido el llamado de Dios y que son profundamente uno.

La generación que conquista la tierra se compone de matrimonios que son: uno en el llamado, uno en el propósito, uno en la meta, uno en el espíritu, uno en el alma, uno en el cuerpo y uno en el corazón.

La generación que conquista la tierra está formada por varones que cada día se entregan para amar a sus esposas, como Cristo amó a la Iglesia. Saben que si fracasan en trasladar y compartir el plan de Dios a su esposa e hijos, fracasarán en todo.

La generación que conquista la tierra está formada por mujeres idóneas, que trabajan junto a sus esposos caminando en la voluntad de Dios. Han quitado de su corazón todo vestigio de mujer extranjera que actúa a espaldas de su marido.

La generación que conquista la tierra está formada por familias unidas, donde la gloria de Dios se refleja de manera tan palpable, que el mundo al contemplarles, desea recibir lo que ellos tienen.

La Iglesia de Cristo de esta generación sabe que es cabeza y no cola; Dios ha delegado en ella la misión de ser la generación que conquista la tierra.

Capítulo 5

Quiso matarlo

Ya en el camino sucedió que, en una posada, el Señor le salió al encuentro y quiso matarlo.

Éxodo 4:24, RVC

"*y quiso matarlo*", es la frase con la cual se describe una desconcertante acción del Señor hacia Moisés, que se encuentra registrada casi al final de la narración del llamado de Dios a su vida (ver Éxodo 4:18-26). Esta situación particular, además de incomprensible, resulta ser más contradictoria de lo que alguien pudiera imaginar.

Dios se encargó de llamar a Moisés en el tiempo señalado, de prepararlo en el transcurso de su vida, y de equiparlo sobrenaturalmente dándole el poder de realizar señales y prodigios (ver Deuteronomio 34:11-12). ¿Para qué?, ¿para después matarlo? Eso no es posible porque el Señor no es incoherente en su forma de actuar. En realidad, comprobaremos que fue el mismo Moisés quien provocó esta decisión divina radical.

Recordemos que el Señor le reveló a Moisés su ley y le encargó ponerla por escrito. Así que Moisés conocía perfectamente esa ley y sabía que todo varón de Israel que no fuera circuncidado al octavo día de nacido sería *cortado del pueblo* por *violar el pacto de Dios* (ver Génesis 17:12, 14).

Al niño que Séfora concibió de Moisés no lo circuncidaron. Ese niño no tenía conciencia ni tampoco responsabilidad alguna delante de Dios por el incumplimiento del mandato divino. Por lo tanto, en su justicia, el Señor *iba a cortar* de su pueblo al culpable de violar el pacto, quien además de ser el padre del niño, era el elegido de Dios para liberar a su pueblo de la esclavitud. Seguramente esta breve información es más que suficiente para guiarnos a conocer el nombre del responsable: Moisés.

La Escritura no relata las razones por las cuales Moisés no circuncidó a su hijo, pero si su esposa Séfora no hubiera actuado con sabiduría delante de Dios, el hombre preparado, llamado, y equipado, *habría muerto*. Este gravísimo incidente nos enseña a no confundir elección con perfección. Aunque Moisés era el *elegido* de Dios para convertirse en el hombre que libertara y condujera a Israel, debía llegar a ser *perfecto o maduro* en su obediencia al Señor.

La desobediencia a Dios es catastrófica en todos los sentidos, y es aún mucho más grave cuando se trata de un dirigente del pueblo de Dios. Aunque la expresión: *"... completaré el número de tus días"* (Éxodo 23:26b) es una firme promesa del Señor, la desobediencia es un germen por el cual Dios puede permitir que nuestros días en la Tierra sean acortados. Queda claro que *la gloria de ser obediente a la voz del Señor es más importante que la honra de ser dirigente del pueblo de Dios*. Lo sucedido a Moisés al dar los primeros pasos en cumplir el llamado del Señor a su vida, podría haber culminado en su trágica muerte por desobediencia.

Pasados algunos años, al igual que sucedió con Moisés, Dios escogió, preparó, llamó y equipó a Josué para introducir al pueblo de Israel en la tierra prometida. Cuando Josué terminó de oír todas las palabras que el Señor le habló, no le hizo ninguna pregunta y tampoco procuró iniciar un diálogo con Él. Las actitudes y palabras de Josué posteriores al llamado fueron de perfecta obediencia a la voz del Señor (ver Josué 1:1-11).

No vieron y creyeron

Cuando el Cristo resucitado apareció a sus discípulos en Jerusalén, se acercó a Tomás y le reprendió porque no había creído en las palabras de quienes ya lo habían visto resucitado. El Señor le dijo: *"... bienaventurados los que no vieron y creyeron"* (Juan 20:29).

Jesús dice que es doblemente dichoso aquel que cree sin ver, mucho más dichoso que quien cree porque ve. La Biblia dice:

> *Y el Señor hablaba con Moisés cara a cara, como habla cualquiera con su compañero...*
> Éxodo 33:11a, RVC

> *Nunca más surgió en Israel un profeta que, como Moisés, hubiera conocido al Señor cara a cara. Nadie le igualó en todas las señales y prodigios que el Señor le mandó hacer en Egipto, contra el faraón y contra todos sus siervos y su país, ni en el gran poder y en los hechos grandiosos y terribles que hizo a la vista de todo Israel.*
>
> Deuteronomio 34:10-12, RVC

Moisés fue un hombre muy importante para Dios y sus propósitos. De hecho, las Escrituras mencionan a Moisés junto a Elías en el monte de la transfiguración (ver Marcos 9:4). Las experiencias que Moisés vivió con el Señor fueron impresionantes y exclusivas, de tal manera que la Biblia testifica que él conoció a Dios cara a cara cual si fuera su compañero.

Al observar los relatos de la vida de Josué, no se describen experiencias tan impresionantes como las que vivió Moisés. La más sobresaliente es la aparición del varón al cual Josué adoró (ver Josué 5:13-15). Sin duda, este varón era nuestro bendito Señor Jesucristo, ya que es el único digno de recibir adoración.

Si el disfrutar de grandiosas experiencias espirituales tuviera el poder de arrancar de raíz la incredulidad que nos estorba, podríamos obedecer por fe y *al pie de la letra* todo lo que Dios nos dice. Si así fuera, también Moisés habría poseído la tierra. Lo curioso es que Josué, sin experimentar tantas vivencias espirituales impactantes como las de Moisés, fue obediente en todo, y dirigió al pueblo de Israel hasta que poseyó la tierra.

Hoy, siguen cumpliéndose las palabras de Jesús. Es mucho más glorioso creer en su Palabra para obedecerle, que contar con un extenso historial de tremendas experiencias espirituales vividas, sin obedecerle perfectamente.

Tenemos el privilegio de ser una generación que está viviendo la manifestación y el obrar del Espíritu Santo. Aun así, debemos cuidarnos de algunos riesgos letalmente peligrosos. Podemos llegar a acostumbrarnos a ver el poder del Espíritu Santo en acción, y perder la capacidad de asombro cuando el Señor muestra su grandeza y majestad en medio nuestro. También es posible convertirnos en creyentes dependientes de los momentos gloriosos; o ser de aquellos otros que siguen haciendo lo que alguna vez, hace años, el Espíritu Santo les dijo que hicieran, pero que en la actualidad no son más que métodos, formas y mecanismos manipuladores, porque esas obras ya no provienen de la obediencia a la voz y el fluir del Espíritu Santo *hoy*.

Jesús declaró que el que no reciba el Reino de Dios como un niño, no entrará en él, por lo tanto, es imprescindible que guardemos hasta el fin de nuestra vida *un corazón de niño*. También enseñó que los nacidos del Espíritu son como el soplo del viento, que *no se sabe de dónde viene ni a dónde va*. Que nunca nos acostumbremos a la manifestación del poder de Dios, y que jamás intentemos con un chasquido de dedos "obligar" al Espíritu Santo a actuar como lo hizo ayer.

A todo lo que hasta aquí he compartido, debo agregar con tristeza que, en muchas oportunidades, mientras Dios se está moviendo maravillosamente en su gran amor, muchos de sus hijos no tienen ninguna capacidad de asombro, o lo que es peor aún, hay incredulidad en sus corazones. Dudan acerca de la sanidad de una persona, pensando que todo fue el producto de una emoción pasajera y que cuando se le pase la emoción, seguirá tan enferma como antes. Podemos observar un ejemplo bien claro de lo que vengo expresando si analizamos uno de los tantos episodios vividos por el pueblo de Israel.

Todo el pueblo observaba los relámpagos y el monte que humeaba, y escuchaba el sonido de la bocina. Al ver esto, todos temblaban de miedo y se mantuvieron a distancia, pero le dijeron a Moisés: «Si tú hablas con nosotros, te escucharemos; pero que no hable Dios con nosotros, porque tal vez moriremos.» Moisés les respondió: «No tengan miedo. **Dios ha venido a ponerlos a prueba, para que siempre tengan temor de él y no pequen.***»*

Éxodo 20:18-20, RVC, (énfasis añadido).

Este relato bíblico nos muestra que el pueblo de Israel tuvo extraordinarias experiencias espirituales. El objetivo de Dios al darle estas experiencias era *probarlos* para que, *temiendo al Señor, no pecaran.* Aunque ante tal portentosa escena los israelitas tuvieron tanto miedo que se mantuvieron lejos del monte, eso no significó que ellos se dispusieran a obedecer a Dios perfectamente. El relato pone en evidencia que continuaron con incredulidad y desobediencia en muchas otras oportunidades. Este ejemplo nos ofrece una gran lección: *Ser protagonistas de grandes experiencias espirituales no nos brinda la seguridad de estar viviendo en fe y obediencia.* Fácilmente podemos acostumbrarnos a participar muy de cerca en el fluir del Espíritu Santo, y a la vez, vivir nuestra vida lejos de esa comunión de amor íntima que produce fe y obediencia.

La generación que conquista la tierra participa en el obrar y el fluir del Espíritu Santo día a día, oyendo su voz y obedeciéndole en todo.

La generación que conquista la tierra es aquella en la cual cada molécula de su ser está impregnada de la vida del Espíritu Santo, y posee una profunda e íntima comunión con Cristo.

La generación que conquista la tierra se caracteriza porque su obediencia nunca está en juego, es el todo de sus vidas.

La generación que conquista la tierra vive y anda en el Espíritu. No se basa en experiencias espirituales extraordinarias para andar en fe.

La Iglesia de Cristo de esta generación sabe que es cabeza y no cola; Dios ha delegado en ella la misión de ser la generación que conquista la tierra.

Capítulo 6

Respaldo vs. aprobación

Toma la vara y reúne a la congregación, tú y tu hermano
Aarón, ***y hablen a la peña a la vista de ellos,***
para que la peña dé su agua
[...] y Moisés y Aarón reunieron al pueblo
ante la peña. Y él les dijo: "Oigan, ahora, rebeldes.
¿Sacaremos agua de esta peña para ustedes?"
Entonces Moisés levantó su mano y golpeó
la peña dos veces con su vara*, y brotó agua*
en abundancia, y bebió el pueblo y sus animales.
Números 20:8a, 10-11, NBLH, (énfasis añadido).

¡Bravo, Moisés! ¡Gracias por este maravilloso milagro, ya no moriremos de sed en este ardiente desierto! Seguramente las ovaciones del pueblo de Israel a Moisés fueron muy similares a estas. Es imposible imaginar lo que significa tener profunda sed en un ardiente desierto si nunca hemos atravesado uno.

La primera ocasión en que el Señor proveyó de agua al pueblo lo hizo ordenándole a Moisés que golpeara la peña con su vara para que de ella salieran aguas (ver Éxodo 17:6-7). En cambio, en esta ocasión la orden del Señor fue distinta. El relato bíblico afirma que a Moisés y Aarón se les ordenó *hablarle* a la peña, pero que Moisés la *golpeó dos veces con su vara*. A pesar de ello, muchas aguas salieron de la peña y el pueblo se regocijó por la abundante provisión de agua. Sin embargo, para Moisés y Aarón no fue tiempo de alegrarse ya que la sentencia del Señor por causa de esa desobediencia fue contundente: *"... no llevarán a esta congregación a la tierra que les he dado"* (Números 20:12b, RVC).

Desde muy pequeño, mis padres me enseñaron una gran verdad: *Dios no hace acepción de personas*. El Señor había decretado: *"No verán los varones que subieron de Egipto de veinte años arriba, la tierra que prometí con juramento..."* (Números 32:11a). Josué y Caleb fueron los únicos a los que el Señor exceptuó de este decreto, porque ellos fueron *fieles en seguir al Señor de manera perfecta* (ver Números 32:12). Surge una pregunta obvia: ¿Por qué motivo Dios no hizo la misma excepción con Moisés y Aarón? Si la respuesta correcta fuera que Moisés y Aarón eran mayores de veinte años, entonces la misma respuesta se debería aplicar a Josué y Caleb porque ellos también lo eran. Sin embargo, el Señor permitió que ellos entraran a la tierra prometida, mientras que impidió que Moisés y Aarón lo hicieran.

Se podría llegar a argumentar que Moisés y Aarón fueron víctimas de una generación rebelde a la voz de Dios y que esa fue la razón principal por la que no entraron a la tierra prometida. Pero en tal caso, también Josué y Caleb deberían haber sufrido las mismas consecuencias. ¿Habrá sido que Dios olvidó por un momento el no hacer acepción de personas? La respuesta categórica es: ¡No! Es cierto que Moisés y Aarón sufrieron mucha contrariedad del pueblo de Dios; pero también es cierto que Moisés tuvo actitudes de incredulidad en más de una ocasión, incluso desde el día en que Dios lo llamó.

*"... el Señor les dijo a Moisés y a Aarón: «****Puesto que ustedes*** *no creyeron en mí, ni me santificaron delante de los hijos de Israel,* ***no llevarán a esta congregación a la tierra que les he dado.****»"* (Números 20:12, RVC, énfasis añadido). Es claro

y evidente que además de la desobediencia del pueblo, hubo desobediencia personal en Moisés y en Aarón por hacer las cosas a su manera y no como el Señor se los había ordenado, lo cual es una innegable señal de incredulidad. Sin embargo, cuando el Señor se refirió a Josué y Caleb, estas fueron sus palabras: *"... porque ellos sí fueron perfectos y me han seguido"* (Números 32:12b, RVC).

A causa de su incredulidad Moisés le dijo al Señor que no era la persona adecuada para cumplir el llamado divino y lo expresó así: *"«¡Ay, Señor! ¡Por favor, envía a quien debes enviar!»"* (Éxodo 4:13, RVC). Ante estas palabras *"... se encendió la ira del **SEÑOR** contra Moisés, y le dijo: [...] ... Aarón hablará por ti al pueblo. Él te servirá como boca y tú serás para él como Dios"* (Éxodo 4:14a, 16, NBLH, énfasis añadido). El contexto de este relato da a entender que fue por causa de la tozudez y la incredulidad de Moisés que el Señor se enojó con él y puso a Aarón en la función de boca de Moisés (ver Éxodo 4:14-15). Es evidente entonces, que la voluntad de Dios era que Moisés hablara, y esto se confirma con las siguientes palabras del Señor a Moisés: *"¿Quién dio la boca al hombre? [...] Ahora pues, ve, **y yo estaré con tu boca y te enseñaré lo que hayas de hablar**"* (Éxodo 4:11a, 12 énfasis añadido).

Aarón debió cumplir al menos dos funciones primordiales que el Señor le encomendó: *ser boca de Moisés y sacerdote de Dios*. Sin embargo, la Escritura pone en evidencia que solo la función de sacerdote estaba prevista en el plan original del Señor, con estas palabras de Dios a Moisés: *"Harás llegar delante de ti a Aarón tu hermano, y a sus hijos consigo, de entre los hijos de Israel, para que sean mis sacerdotes..."* (Éxodo 28:1a).

Se suele enseñar que la voluntad de Dios debe ser comprendida a la luz de dos conceptos: la voluntad perfecta y la voluntad permisiva. Sin embargo, la Escritura declara, establece y afirma que la buena voluntad de Dios siempre es "... *agradable* y **perfecta**" (Romanos 12:2b, énfasis añadido). Quiere decir, entonces, que la llamada "voluntad permisiva de Dios" no existe. Lo que sucede es que el Señor creó al ser humano con libre albedrío y respeta sus pensamientos, decisiones y caminos, aunque estos sean contrarios a su voluntad y provoquen su enojo. Pero considerar esta realidad como un argumento válido para creer que por esa razón el Señor aprueba, avala o se agrada de esos caminos, es una perversión de la verdad. El ser humano no es un robot manejado al antojo de Dios, sino un ser libre con la capacidad de pensar, decidir y actuar responsablemente. Por lo tanto, que el ser humano se resista a cumplir la perfecta voluntad de Dios y concrete planes contrarios a su voluntad, no nos da el derecho a teorizar y mucho menos a establecer como una verdad que el Señor posee una voluntad permisiva. Si fuera así, entonces Dios podría ser señalado de poseer "un lado oscuro" y acusado de estar emparentado con el diablo, ya que, de alguna manera, sería el responsable de conducirnos por un camino que no es totalmente perfecto.

En resumen, el Señor estaba disgustado de que Aarón tuviera que funcionar como boca de Moisés, porque eso ocurrió debido a que Moisés impidió que el Señor lo sanara y que así se cumpliera la perfecta voluntad del Señor sobre su vida. Contrario a esto, la constitución de Aarón como sacerdote de Dios fue el cumplimiento de la buena voluntad del Señor, que siempre y en todos los casos, es agradable y perfecta.

Más tarde, el relato bíblico nos muestra al ya constituido sacerdote Aarón en la escena donde fundió el oro que los israelitas le entregaron y le dio forma de becerro. En ningún momento detuvo al pueblo en su pecado, sino que, por el contrario, *"Cuando Aarón vio esto, levantó un altar delante del becerro y proclamó: «¡Mañana celebraremos una fiesta en honor del Señor!»"* (Éxodo 32:5, RVC).

Cuando Moisés descendió del monte y vio la patética escena, se enojó contra Aarón por este gran pecado. La respuesta del sacerdote fue: *"… No se enoje mi señor; tú conoces al pueblo, que es inclinado a mal"* (Éxodo 32:22). Esta deplorable respuesta no era más que una espuria y elegante excusa para librarse de la culpa y echarla sobre el pueblo. Verdaderamente, Moisés tenía motivos para enojarse con Aarón por su pésimo proceder como *sacerdote*, pero no tenía razones muy valederas para enojarse con él como *boca*. Recordemos que a Aarón se le delegó la *función exclusiva* de ser *la boca de Moisés*. Para que Aarón pudiera hablar, reprender y corregir al pueblo, era necesario que Moisés llegara a la escena y pusiera en Aarón las palabras a expresar, ya que el Señor había colocado a Moisés en lugar de Dios para Aarón. *Nunca he visto una boca que pueda reprender o tomar decisiones fuera de la orden que proviene de la cabeza, que es quien la hace activa y efectiva.*

En cierta manera, Moisés estaba cosechando las excusas y argumentos que puso ante Dios cuando Él lo escogió para conducir a Israel. Tan triste y denigrante fue este episodio, que la Escritura afirma: *"Y el Señor hirió al pueblo **por el becerro que Aarón había hecho** para ellos"* (Éxodo 32:35, RVC, énfasis añadido). Qué horrendo es ver que el sacerdote de Dios, en vez de detener el pecado, se dedicó a construir el ídolo que el pueblo adoró.

Estamos ante un hecho doloroso y humillante. Pero aún así, la Escritura nos muestra algo muy importante de Moisés como siervo: *su corazón*.

> *Y volvió Moisés para hablar con el Señor, y le dijo: «Este pueblo ha cometido un gran pecado, pues se hicieron dioses de oro. Te ruego que les perdones su pecado. De lo contrario, ¡bórrame ya del libro que has escrito!»*
>
> Éxodo 32:31-32, RVC

> *»El Señor también me dijo: "He observado a ese pueblo, y puedo ver que es un pueblo muy obstinado. **¡Déjame que los destruya! Voy a borrar su nombre de debajo del cielo**, y a ti te pondré al frente de una nación más fuerte y mucho más numerosa que ellos."*
>
> Deuteronomio 9:13-14, RVC, (énfasis añadido).

> *Luego me postré delante del Señor cuarenta días y cuarenta noches, como antes lo había hecho, y por causa del gran pecado que ustedes habían cometido no comí pan ni bebí agua, pues ustedes hicieron mal a los ojos del Señor e hicieron que se enojara. El Señor estaba muy enojado contra ustedes y quiso destruirlos. Era tal su furor y su ira que yo tuve miedo. Pero incluso esta vez el Señor me escuchó. »El Señor también se enojó en gran manera contra Aarón, y quería destruirlo; pero en aquella ocasión también oré por él.*
>
> Deuteronomio 9:18-20, RVC

En todos estos pasajes vemos que el corazón de Moisés se derramó ante el Señor a favor del pueblo. Rogó por ellos y por Aarón, pidiendo que su nombre se borre del libro de Dios antes de que el pueblo sea condenado.

El corazón de Moisés es el de *un verdadero hombre de Dios*. Moisés sabía que por causa de la gravedad del pecado de Aarón y del pueblo, Dios había determinado destruirlos por completo, de tal modo que aun el nombre de Israel como nación sería borrado de debajo del cielo (ver Deuteronomio 9:14a). Ante este gran conflicto, Moisés ayunó y se dedicó a interceder durante cuarenta días completos. El resultado de esta acción de Moisés ante el Señor fue trascendente. Para comprender cuánto Dios estimó el ayuno y la oración de Moisés, es necesario observar cuál fue el resultado que obtuvo.

En el contexto de este relato bíblico existe una diferencia sustancial entre *muerte y destrucción*. De hecho, la generación de veinte años hacia arriba *sufrió la muerte* en el desierto por causa de su rebelión. Sin embargo, la nación de Israel quedó *librada de la destrucción* del Señor, y de que Él borrara su nombre de debajo del cielo. La acción espiritual de Moisés logró que Dios dejara con vida a la generación de los niños y jóvenes menores de veinte años. Más tarde, esa misma generación conducida por Josué a conquistar la tierra prometida, fue la responsable de mantener vivo el nombre de la nación de Israel sobre la faz de la tierra.

Es muy importante para nosotros hoy mirar a Moisés desde la perspectiva de lo que experimentó por causa de Aarón. En la escena antes mencionada,

Moisés sufrió un gran dolor no solo por el pueblo sino especialmente por Aarón, quien siendo su consiervo en esta encomienda divina nunca reprendió o corrigió al pueblo para que no pecara. Ante la inaceptable mudez de Aarón, cabe preguntar: ¿No hubiese sido mucho mejor para Moisés haberle creído a Dios en cuanto a la sanidad de su habla? Deseo que respondas a este interrogante delante del Señor con total honestidad.

En muchas oportunidades he visto consiervos amados buscando ayuda para el desarrollo del ministerio, creyendo que estaban haciendo lo correcto y lo mejor. Pero, aun así, *lo mejor nunca es lo perfecto* y tarde o temprano provoca que seamos traspasados por inmensos dolores. Seamos sensibles a la voz del Espíritu Santo para que sea Él quien coloque a nuestro lado y en la función perfecta a aquellos consiervos que Dios en su voluntad ha determinado.

Poder, poder, poder...

Moisés, Aarón y el pueblo de Israel vivieron experiencias inigualables. Una nube los cubría de día y una columna de fuego los guiaba de noche. Dios les daba de comer maná venido del cielo. Cuando pidieron carne, Dios les dio codornices. Por mano de Moisés se abrió el Mar Rojo y también Egipto vio en forma tangible la poderosa mano de Dios. Fue tanto el temor de los egipcios hacia Israel, que antes de salir de su cautiverio, los israelitas los despojaron de sus riquezas.

Cuando Moisés golpeó la peña en el desierto de Cades, en las aguas de Meriba, *salieron muchas aguas*. Aarón, a pesar de su tremendo error, siguió ejerciendo su función de sacerdote y boca de Moisés. Aunque Dios estuvo con ellos, *respaldándolos en todo*, eso no significó bajo ningún punto de vista que *Dios haya aprobado sus acciones de desobediencia*. El Señor jamás consintió ni consentirá el pecado.

Estas dos vidas sirven a manera de modelo para aquellos que tenemos el privilegio y la responsabilidad de ejercer alguna clase de dirigencia en la Iglesia de Cristo. Al ver que Dios nos usa poderosamente, nos da éxito ministerial y nos respalda, es muy fácil confundirnos y llegar a la conclusión de que por ello nos está aprobando. Debemos entender que Dios es autoridad y, por lo tanto, Él mismo respeta y respalda la autoridad que ha establecido y delegado en la tierra.

Moisés y Aarón fueron respaldados por Dios a causa de la autoridad que Él les había delegado. Pero esto no significó que Dios estuviera de acuerdo o que aprobara todas las acciones de ellos.

La generación que conquista la tierra no solo cuida el saberse respaldada por Dios, sino que, junto con el respaldo, busca celosamente la aprobación del Señor. Esta generación de conquistadores tiene un espíritu humilde, guarda su corazón de la soberbia y sabe que, si algo posee, le ha sido dado por el Señor. Se abstiene de toda actitud injusta o déspota porque tiene como suprema meta pararse frente al tribunal de Dios respaldada y aprobada.

La generación que conquista la tierra es aquella que solo anhela andar a la altura de la perfección de la voluntad de Dios.

La generación que conquista la tierra es aquella que ha comprendido el secreto de ser perfecta en seguir al Señor.

La generación que conquista la tierra es aquella que más allá de todas sus limitaciones humanas, cree que Dios puede y quiere hacer lo imposible con ella y a través de ella.

La generación que conquista la tierra guarda su corazón y su espíritu en humildad, permitiendo que el Espíritu Santo la escudriñe profundamente. No basa la aprobación de su vida en el aparente éxito ministerial.

La generación que conquista la tierra no confunde respaldo con aprobación.

La generación que conquista la tierra tiene una meta suprema, presentarse ante Dios respaldada y aprobada.

La Iglesia de Cristo de esta generación sabe que es cabeza y no cola; Dios ha delegado en ella la misión de ser la generación que conquista la tierra.

Capítulo 7

Tú, sí;
yo, no

Sube a la cumbre del Pisga y alza tus ojos al oeste, y al norte, y al sur; y al este, y mira con tus propios ojos; porque no pasarás el Jordán. Y manda a Josué, y anímalo, y fortalécelo; porque él ha de pasar delante de este pueblo, y él les hará heredar la tierra que verás.

Deuteronomio 3:27-28

No cabe duda, uno de los hombres más familiarizados con experiencias sublimes y también difíciles, fue Moisés. Si tuviéramos el honor de entrevistarlo y preguntarle cuál fue la experiencia personal más difícil de su vida, puedo imaginar su respuesta: el momento en que Dios le dijo que él no entraría a la tierra prometida. La Escritura muestra que Moisés le rogó a Dios que le dejase entrar, más la respuesta del Señor fue: "... *Basta, no me hables más de este asunto*" (Deuteronomio 3:26b). Esas palabras del Señor llegaron al corazón de Moisés como una espada que lo traspasó.

Al leer las palabras con las que el Señor respondió al ruego de Moisés, podemos deducir que en más de una oportunidad le pidió a Dios que le permitiera entrar a la tierra prometida, pero la respuesta divina fue concluyente: "¡No entrarás!" En cambio, su servidor, Josué, sería el encargado de introducir al pueblo a la tierra que fluía leche y miel.

La manera en que cada hijo de Dios vive es como una carta abierta que puede ser leída, analizada y juzgada por todos. Esta verdad se acrecienta aun más al pensar en los siervos de Dios registrados en las Escrituras, ya que el mundo entero escudriña, analiza y hasta juzga sus vidas. Son personas conocidas, leídas y estudiadas por la gran mayoría de los seres humanos. De igual modo ocurre con nuestras vidas, estamos a la luz y a expensas de la mirada pública. Aún así, corremos con la gran ventaja de no ser tan vapuleados como ellos debido a que los detalles de nuestras vidas no se encuentran impresos en el libro más vendido y leído de todos los tiempos, la Biblia.

Cuando estudiamos las vidas de los siervos de Dios narradas en las Escrituras, no debemos hacerlo con un espíritu de crítica o de juicio, sino de humildad, con el fin de aprender. Escudriñamos la Palabra para que el Espíritu Santo nos pueda enseñar, corregir y elevar a otra dimensión espiritual a través del ejemplo de esas vidas, aprendiendo tanto de sus aciertos como de sus errores.

El *yo* no entra

El *yo* es una de las barreras infranqueables del ser humano. Si no fuera por el Espíritu Santo que vive y trabaja en los creyentes en Cristo Jesús, sería literalmente imposible cumplir las condiciones básicas para ser un discípulo de Cristo, como son el negarse a sí mismo y reflejar que ya no vivo yo; en síntesis, determinar *morir al yo*.

Imaginémonos que detenemos a cualquier persona en la calle y le preguntamos:

—¿Has muerto a tu *yo*?

—¿Te escapaste de algún manicomio? —sería la respuesta más probable.

Esta reacción es lógica porque el *yo* es considerado el motor que mueve al ser humano en todos los aspectos de su existencia. Por lo tanto, aunque una persona procure con todas sus fuerzas morir al *yo*, está imposibilitada de hacerlo.

Cuando somos hechos hijos de Dios y entramos en comunión con Él, por la sangre de Cristo Jesús, la vida sobrenatural de Dios, su misma naturaleza se implanta en nosotros por obra del Espíritu Santo. Solo por este milagro de transformación ocurrido en el interior de todo creyente en Cristo, es que podemos morir al *yo* y vivir a la altura de los requisitos de Jesús para sus discípulos, tales como: "... *tiene que olvidarse de hacer lo que quiera.* **Tiene que estar siempre dispuesto a morir y hacer lo que yo mando**" (Lucas 9:23, TLA, énfasis añadido). Podemos ver con claridad que estas palabras de Jesús solo pueden experimentarse si permitimos que el poder y el fluir del Espíritu Santo sean una realidad cotidiana y continua en nuestras vidas.

Entre aquellos aspectos de la vida de Moisés que sirven de advertencia, hay uno que se hizo manifiesto por primera vez en el momento en que el Señor lo llamó, y que continuó presente a lo largo de su vida. En el relato que describe el llamamiento de Moisés se observa que cada vez que Dios le dio una orden, Moisés antepuso el *yo*.

> … «¿Y quién soy **yo** para ir ante el faraón y sacar de Egipto a los hijos de Israel?»
> Éxodo 3:11b, RVC, (énfasis añadido).

> … *si* **yo** *voy y les digo a los hijos de Israel: "El Dios de sus padres* **me** *ha enviado a ustedes"…*
> Éxodo 3:13, RVC, (énfasis añadido).

> … «Va a resultar que ellos no **me** creerán, ni oirán **mi** voz. Más bien, dirán: "El Señor no se te ha aparecido."»
> Éxodo 4:1, RVC, (énfasis añadido).

> «¡Ay, Señor! **Yo** nunca **he** sido hombre de fácil palabra, ni antes ni ahora que hablas con este siervo tuyo. Y es que **soy** muy lento para hablar, y **mi** lengua es muy torpe.»
> Éxodo 4:10, RVC, (énfasis añadido).

Los pasajes bíblicos que acabas de leer se encuentran dentro de un contexto que muestra a Dios haciendo milagros. La vara que se convirtió en culebra, y la mano de Moisés que en principio quedó leprosa para luego recibir sanidad, así lo demuestran. A pesar de todo este despliegue majestuoso del Señor hacia Moisés, él siguió poniendo la mirada en sus propias habilidades y capacidades. Aunque fue protagonista de todos estos milagros, no pudo dejar de centrarse en sí mismo. Se puede decir que ante la inmensa responsabilidad que Dios le encomendó, era natural que se haya sentido como una hormiga que intenta escalar una montaña de cinco mil metros de altura. Pero también es lógico pensar que cuando Moisés madurara en su comunión con el Señor esta actitud cambiaría.

El pequeño yo soy

Al continuar leyendo sobre Moisés y su historia, nos encontramos nuevamente con la misma característica. En esta ocasión, los israelitas se quejaron por la comida, lloraron y dijeron: *"¡Quién nos diera a comer carne!"* (Números 11:4). Fue tan grande ese deseo, que se acordaron del pescado, los pepinos, los melones, los puerros, las cebollas y los ajos que comían en Egipto. Dijeron: *"... y ahora nuestra alma se seca; pues nada sino este maná ven nuestros ojos"* (Números 11:6).

Es increíble ver cómo puede afectar al ser humano un plato de comida. Esta escena nos recuerda aquel trágico incidente cuando Esaú le vendió la primogenitura a su hermano Jacob por algo tan insignificante como un plato de lentejas (ver Génesis 25:29-34).

Ahora bien, regresando a Moisés, cuando oyó al pueblo llorar por sus familias, cada uno a la puerta de su tienda a causa de la comida, rogó a Dios. Veamos algunas de sus preguntas y razonamientos:

> ... *¿Por qué has hecho mal a **tu** siervo? ¿y por qué no he hallado gracia en tus ojos, que has puesto la carga de **todo** este pueblo sobre **mí**? ¿Concebí **yo** a todo este pueblo? ¿Lo engendré **yo**, para que **me** digas: Llévalo en tu seno [...] ¿De dónde conseguiré **yo** carne para dar a todo este pueblo? Porque lloran a **mí**, diciendo: **Danos** carne que comamos. No puedo **yo** solo soportar a todo este pueblo, que **me** es pesado en demasía [...] "... yo te ruego que **me** des muerte, si **he** hallado gracia en tus ojos; y que **yo** no vea **mi** mal.*
>
> Números 11:11, 12a, 13-14, 15, (énfasis añadido).

A lo largo de este ruego vemos nuevamente el *yo* de Moisés en acción, al igual que al principio de su llamado. Tanto es así, que en dos oportunidades puso en duda el haber hallado gracia ante los ojos de Dios. Esta inquietud de Moisés me recuerda un diálogo trascendente que mantuvo con el Señor y que se encuentra relatado en el libro de Éxodo:

> *Entonces Moisés dijo al SEÑOR: "Mira, Tú me dices: 'Haz subir a este pueblo.' Pero Tú no me has declarado a quién enviarás conmigo. **Además has dicho**: 'Te he conocido por tu nombre, y también **has hallado gracia ante Mis ojos**.' "Ahora pues, si he hallado*

gracia ante Tus ojos, Te ruego que me hagas conocer Tus caminos [...] "Mi presencia irá contigo, y Yo te daré descanso," le contestó el SEÑOR [...] "¿Pues en qué se conocerá que he hallado gracia ante Tus ojos, yo y Tu pueblo? ¿No es acaso en que Tú vayas con nosotros...? [...] Y el SEÑOR respondió a Moisés: "También haré esto que has hablado, por cuanto has hallado gracia ante Mis ojos y te he conocido por tu nombre."
Éxodo 33:12-13a, 14a, 16a, 17, NBLH, (énfasis añadido).

En este impactante diálogo queda demostrado que Moisés recibió del Señor la repetida afirmación de su gracia y favor para con él. Aun así, pareciera que Moisés necesitaba "algo más", de manera que le rogó al Señor que le mostrará su gloria. Entonces, a fin de concederle su petición, el Señor puso a Moisés en la hendidura de una peña, lo cubrió con su mano hasta que hubo pasado y después, cuando apartó su mano, Moisés pudo ver las espaldas del Señor (ver Éxodo 33:22-23).

Es evidente que ante la presión y la carga que el pueblo ponía sobre Moisés, él desfallecía, mostrando así su debilidad, dudando de la gracia de Dios, creyendo que se encontraba solo, abandonado para poder soportar toda la carga. La dificultad más grande que Moisés enfrentaba con su *yo* era la carga por su gran responsabilidad. Se sentía incapaz para la tarea que Dios le había delegado.

Frente al llamado de Dios al comienzo de su ministerio, Moisés se excusó con diferentes argumentos debido al mismo sentimiento de incapacidad y responsabilidad. El enfoque permanente en sí mismo y sobre sus habilidades era tan fuerte y le afectaba de tal manera, que llegó al extremo de decirle a Dios que no era la persona indicada para la labor.

No debemos confundirnos pensando que el inconveniente de Moisés tuvo que ver con orgullo, la búsqueda de una posición o ansias de poder. Sabía muy bien que Dios le había puesto en ese lugar. Un solo relato bíblico es más que suficiente para poder observar que era un hombre humilde. Deseaba que todo el pueblo tuviera lo que Dios le había dado a él.

> *Entonces el Señor descendió en la nube, y habló con él. Tomó del espíritu que estaba en él, y lo puso en los setenta ancianos; y cuando el espíritu se posó en ellos, comenzaron a profetizar, y no dejaban de hacerlo [...] Josué hijo de Nun, que era ayudante cercano de Moisés, le dijo: «Moisés, mi señor, ¡no se lo permitas!» Pero Moisés le respondió: «¿Acaso tienes celos por mí?* **¡Cómo quisiera yo que todo el pueblo del Señor fuera profeta! ¡Cómo quisiera yo que el Señor pusiera su espíritu sobre ellos!»**
> Números 11:25, 28-29, RVC, (énfasis añadido).

Muchas veces creemos que al hablar del predominio del *yo* nos estamos refiriendo exclusivamente a un problema de orgullo, vanidad, posición o poder; pero no es así. El *yo* tiene otra faceta contraria a esta, que afecta tanto como el creerse superior, y es sentir que uno no sirve, no puede o no da la medida por considerarse inferior. Ambas facetas forman parte del *yo* y nos afectan de igual modo para la tarea que Dios nos encomienda. En síntesis, *así como lo que nace de la carne, carne es; lo que nace del yo, yo es*. Es de esencial trascendencia no dejarnos influenciar por ninguna de las dos facetas del yo, ya sea la del orgullo, la fama o la posición, o la del afán, la preocupación, la incapacidad o la excesiva responsabilidad. ¡Cuántas veces caemos en el error de Moisés! Nuestras oraciones se vuelven lastimosas, centradas en nosotros mismos, pensando que toda la obra de Dios pasa por nuestras manos.

Tu conquista es mi conquista

Llegado el tiempo en que el pueblo de Israel debía entrar a la tierra prometida, Dios le ordenó a Moisés que seleccionara un varón de cada tribu. Estos doce hombres debían ser príncipes de los hijos de Israel y su misión sería reconocer e informar acerca de los habitantes y el estado de la tierra que Israel iba a poseer. Todos los demás detalles de esta historia suelen ser bien conocidos por la mayoría de nosotros.

El interrogante que analizaremos seguidamente nos permitirá descubrir un importante principio espiritual relacionado con el yo. ¿Enviar a los espías, fue una orden de Dios o una idea de Moisés? El registro bíblico responde de manera categórica que Moisés recibió del Señor la siguiente orden: *"Envía tú hombres que reconozcan* la tierra de Canaán, la cual yo doy a los hijos de Israel ..." (Números 13:2, énfasis añadido). Y en obediencia, "... ***Moisés envió a todos aquellos hombres,*** conforme a la palabra del Señor" (Números 13:3a, RVC, énfasis añadido).

Más adelante, al seguir en nuestro viaje a la tierra prometida, hallamos este mismo acontecimiento narrado en Deuteronomio capítulo uno. Allí, encontramos las cosas un poco cambiadas. El relato describe el envío de los espías como "una sugerencia" de los varones de Israel a Moisés con estas palabras: "*»Entonces todos ustedes vinieron a verme, y dijeron: "Enviemos algunos de nosotros que vayan y exploren la tierra...*" (ver Deuteronomio 1:22a, RVC). A lo cual Moisés respondió: "***Lo que ustedes me dijeron me pareció bien,*** *así que escogí a doce de ustedes, un hombre por cada tribu*" (Deuteronomio 1:23, RVC, énfasis añadido). A estas alturas, ya no sabemos qué pensar. ¿Fue el envío de los espías una orden de Dios o fue una sugerencia de los varones de Israel que le pareció bien a Moisés? La importancia de este interrogante no radica en encontrar la respuesta correcta, sino en observar el nocivo efecto del *yo* cuando los asuntos son puestos bajo su escrutinio. "Yo pienso, yo siento, yo considero, yo creo", son criterios que contaminan aún lo que proviene de Dios.

Mi intención al comparar estos pasajes bíblicos no es hacer conjeturas teológicas acerca de las diferencias entre los relatos ni tampoco calificar las acciones de Moisés, sino aprender un significativo principio espiritual. Siempre que el *yo* esté por delante, todo lo que se intente realizar en cumplimiento de las órdenes de Dios se llevará a cabo acomodando "un poquito" la situación para con la gente. De este modo, en vez de decir sencillamente: "Porque Dios lo ordenó", intentaremos utilizar un poco de manipulación, convirtiendo una orden del Señor en algo que quepa cómodamente en el razonamiento humano para que suene lógica, coherente y factible. Esta forma de proceder tiene como objetivo que esa orden divina sea aceptada por todos. Sin embargo, cuando se actúa así, es porque lo humano tiene primacía sobre lo divino.

  La generación que conquista la tierra no requiere de explicaciones humanas para cumplir órdenes de Dios, porque le permite al Señor trabajar con su *yo* día a día y momento a momento. Sabe que la conquista de la tierra es un trabajo de equipo, *de todo el cuerpo de Cristo*. Ninguno que pertenezca a esta generación permite la primacía del *yo*, creyéndose "el héroe de la película" o "el ministro afamado de quien Dios está obligado a depender para hacer su obra en el mundo".

  La generación que conquista la tierra aprende cada día a honrar a su hermano, prefiriéndole a él antes que a su propia persona (ver Romanos 12:10). No busca su propio bien, sino el del otro (ver 1ª Corintios 10:24). Trabaja ayudando a su hermano para conquistar la tierra, sabiendo que él mismo es partícipe de esa conquista. *La conquista de la tierra no pertenece a grandes hombres, sino a un gran cuerpo, el de Cristo.*

La generación que conquista la tierra es la que depende de la gracia de Dios a cada momento para franquear la barrera del yo.

La generación que conquista la tierra sabe que Dios la ha conocido y llamado por su nombre ya que ha hallado gracia en sus ojos.

La generación que conquista la tierra paga el precio por decir y hacer las cosas como Dios ordena, sin cambiarlas por temor a ser rechazada.

La generación que conquista la tierra sabe que su tarea es una parte del trabajo del cuerpo de Cristo; es por ello que la conquista de su hermano es su conquista.

La generación que conquista la tierra es aquella que vive honrando y prefiriendo a su hermano para que en forma conjunta posean la tierra.

La generación que conquista la tierra sabe que la conquista pertenece a un gran cuerpo; el de Cristo.

La iglesia de Cristo de esta generación sabe que es cabeza y no cola; Dios ha delegado en ella la misión de ser la generación que conquista la tierra.

Capítulo 8

Cabeza y no cola

»El Señor te pondrá por cabeza, no por cola. Estarás por encima de todo, nunca por debajo, siempre y cuando obedezcas y cumplas los mandamientos del Señor tu Dios, que hoy te ordeno cumplir; y siempre y cuando no te apartes ni a diestra ni a siniestra de todas las palabras que hoy te mando cumplir, ni vayas en pos de dioses ajenos y les sirvas.
Deuteronomio 28:13-14, RVC

... a fin de perfeccionar a los santos para la obra del ministerio, para la edificación del cuerpo de Cristo, hasta que todos lleguemos a la unidad de la fe y del conocimiento del Hijo de Dios, a un varón perfecto, a la medida de la estatura de la plenitud de Cristo; para que no seamos niños fluctuantes, llevados por doquiera de todo viento de doctrina, por estratagema de hombres que para engañar emplean con astucia las artimañas del error, sino que siguiendo la verdad en amor, crezcamos en todo en aquel que es la cabeza, esto es, Cristo.
Efesios 4:12-15

Pero sin fe es imposible agradar a Dios...
Hebreos 11:6a

Los pasajes que acabamos de leer condensan algunas verdades imperecederas de la Palabra de Dios. Se puede afirmar que la comunión entre Dios y el ser humano siempre se realiza a través del único medio divinamente autorizado: *la fe*.

Hay muchos aspectos de la generación que condujo Moisés que entristecieron el corazón de Dios, y el peor de ellos fue *la incredulidad*. El autor del libro a los Hebreos, al hablar de esa generación, dice: *"Y vemos que no pudieron entrar a causa de incredulidad"* (Hebreos 3:19). ¿Qué les impidió entrar? El mismo autor nos enseña que la incredulidad los confinó a un estado espiritual de muerte, gestado por un *corazón malo* que se *apartó del Dios vivo* (ver Hebreos 3:12).

Es evidente que cuando la fe no está en acción en el corazón de los llamados cristianos, está ausente el medio por el cual vivimos en perfecta unidad y comunión con Dios. *La incredulidad produce que el llamado pueblo de Dios esté sin Dios. Así como la fe nos liga íntimamente a Dios, la incredulidad nos aparta de Dios.*

Los israelitas que salieron de Egipto tuvieron la oportunidad de escuchar la Palabra de Dios con toda claridad y de ver obrar al Señor en repetidas ocasiones. Pero el oír la Palabra no les aprovechó de nada, porque en ningún momento la acompañaron o la mezclaron con la fe (ver Hebreos 4:2).

"... Siempre andan vagando en su corazón, y no han conocido mis caminos. Por tanto, juré en mi ira: No entrarán en mi reposo" (Hebreos 3:10b-11). Este versículo bíblico expresa la manera en que el Señor describió a los israelitas que Moisés dirigió en el trayecto hacia la tierra prometida. Los cuarenta años que anduvieron por el desierto fueron la consecuencia natural de que siempre andaban vagando

en sus corazones desconociendo el camino del Señor. La vaguedad que sembraron en sus corazones fue la misma que cosecharon en el desierto. *La vaguedad externa fue el claro reflejo de la vaguedad interna.* Dios jamás quiso que su pueblo vagara cuarenta años en el desierto. Él había preparado para ellos un reposo que no pudieron conquistar porque no le creyeron al Señor.

Al analizar la triste realidad espiritual del Israel que anduvo por el desierto, llegamos a una reflexión sencilla, pero a su vez, concluyente: Todo lo que ocurre en los hechos cotidianos de nuestra vida, *fuera de nosotros*, es la consecuencia de lo que ocurre primero *dentro de nosotros*.

Perdón, sí; posesión, no

Por la grandeza de tu misericordia, yo te ruego que perdones la iniquidad de este pueblo, así como lo has perdonado desde Egipto y hasta este lugar.» **Entonces el Señor dijo: «Yo los he perdonado,** *tal y como lo has pedido. Pero tan cierto como que yo vivo, y que mi gloria llena toda la tierra, ninguno de los que vieron mi gloria y las señales que hice en Egipto y en el desierto, los cuales ya me han puesto a prueba diez veces y no han querido obedecerme, llegará a ver la tierra que les prometí a sus padres.* **¡Ninguno de los que me han rechazado la verá!**
Números 14:19-23, RVC, (énfasis añadido).

El pueblo de Israel que salió de Egipto estaba cubierto por el amor y la misericordia de Dios. Esa bendición era la fuerza inspiradora que les impulsaba a cumplir la misión de conquistar la tierra que Dios les había entregado. Por causa de la incredulidad de los diez espías, como también la del pueblo, no pudieron poseer lo que Dios les había dado, aunque contaran con su promesa y misericordia.

Como consecuencia de la respuesta del pueblo, tengo dos noticias para darte, una buena y una mala ¿Cuál quieres que te dé primero? Creo que primero te daré la mala, para que después, al darte la buena, puedas tomar un poco de aliento.

La mala: *no poseyeron la tierra* de Canaán que Dios les había entregado (ver Números 14:23).

La buena: *Dios perdonó al pueblo*, a pesar de su incredulidad (ver Números 14:20).

Aquí encontramos una gran lección para nuestra vida. Cuando fallamos ante Dios por ser incrédulos, en su gran amor y misericordia, Él nos perdona. Pero ese perdón no borra las consecuencias de nuestras acciones erradas, por las que perdemos aquello que Dios preparó para que conquistáramos. Tampoco nos exime de fracasar en la misión que nos introducirá a la plenitud del propósito de Dios para nuestras vidas, que es *nuestra tierra prometida*. Dios perdona, pero sufrimos la consecuencia de nuestra incredulidad y desobediencia. Es posible alcanzar ochenta o más años de vida disfrutando de la misericordia y el perdón de Dios, hasta el día que lleguemos a su presencia.

Pero cuando el Señor proyecte "la película" de todo lo que había preparado para que conquistáramos, nos encontraremos con la triste y desagradable sorpresa de que hemos fracasado en la misión encomendada. *El problema al cual nos estamos enfrentando no es de perdón, sino de posesión.*

Por muchos años la Iglesia de Cristo oró a Dios pidiendo perdón por la incredulidad, la desobediencia, la desunión y otros motivos. Si nos seguimos quedando en esta posición, llegaremos a los cielos perdonados, pero totalmente fracasados, no habiendo cumplido la misión de conquistar la tierra.

La promesa hecha a Abraham sigue vigente hoy para nosotros, sus descendientes espirituales: *"Porque no por la ley fue dada a Abraham o a su descendencia la promesa de que sería **heredero del mundo,** sino por la justicia de la fe"* (Romanos 4:13, énfasis añadido). Podemos vivir en la condición de perdonados, pero sin herencia. Dios nos dirá: perdón, sí; posesión, no. Él nos perdona, pero habremos perdido lo mejor: *el sabor de la victoria conquistada por alcanzar el propósito divino.*

> *»Si tú escuchas con atención la voz del Señor tu Dios, y cumples y pones en práctica todos los mandamientos que hoy te mando cumplir, el Señor tu Dios te exaltará sobre todas las naciones de la tierra.*
>
> Deuteronomio 28:1, RVC

Cabeza y no Cola

Oír atentamente la Palabra de Dios, para creer y actuar conforme a ella, es la orden permanente tanto para Israel como para la Iglesia de Cristo en el presente. Este punto ha sido la falla constante del pueblo de Dios. La condición de cabeza o cola comienza en un lugar invisible a los ojos humanos: *el corazón*.

Cuando los israelitas comenzaron a ver a los habitantes de Canaán como gigantes invencibles, como ciudad fortificada y como tierra que traga a sus moradores ¿se veían como cabeza o como cola? Evidentemente, en sus corazones creyeron que eran cola y que estaban por debajo, lo cual era contrario a la posición en la que Dios quería que ellos se vieran.

Es necesario comprender que la incredulidad brota como resultado de un corazón malo. *"Tengan cuidado, hermanos, no sea que en alguno de ustedes haya **un corazón malo de incredulidad**, para apartarse del Dios vivo"* (Hebreos 3:12, NBLH, énfasis añadido). La incredulidad no es una falla menor, es extremadamente grave para Dios, porque es la señal de una vida que voluntariamente se ha apartado del Señor. Las palabras que los israelitas pronunciaron eran el resultado de lo que había en sus corazones. De toda una generación, solo Josué y Caleb creyeron lo que Dios dijo. Se vieron como Él los veía: como cabeza y por encima solamente. Lo que había en sus corazones, lo reflejaron en sus palabras.

... Subamos luego, y tomemos posesión de ella; porque más podremos nosotros que ellos.

Números 13:30b

... es tierra en gran manera buena [...] tierra que fluye leche y miel.

Números 14:7b, 8b

Así que no se rebelen contra el Señor, ni tengan miedo de la gente de esa tierra. ¡Nosotros nos los comeremos como si fueran pan! No les tengan miedo, que el dios que los protege se ha apartado de ellos, y con nosotros está el Señor.»

Números 14:9, RVC

Tanto el pueblo de Israel, como Josué y Caleb, cumplieron las palabras que Jesús pronunciara muchos años más tarde: "*... porque de la abundancia del corazón habla la boca*" (Lucas 6:45b). Dios es categórico. El corazón incrédulo es un corazón malo que se aparta del Dios vivo. Esta palabra del Señor nos enfrenta a una realidad ineludible. Podemos tener años de creyentes, un gran número de seminarios cursados, ser parte de una organización o denominación destacable e influyente, tener varios años de servicio eclesiástico, ser fervientes predicadores o tener alguna posición de privilegio dentro del pueblo de Dios. Podemos poseer todo esto, pero aún así, tener un corazón incrédulo. De ser así, el Señor nos catalogará como personas de un corazón malo y apartado del Dios vivo.

El hombre bueno, del buen tesoro de su corazón saca lo bueno; y el hombre malo, del mal tesoro de su corazón saca lo malo; porque de la abundancia del corazón habla la boca.

Lucas 6:45

Todas nuestras obras y acciones deben originarse en un corazón *hecho nuevo y bueno* por la fe de Cristo que lo habita; un corazón que cree cada letra de todo lo que Dios dice, actuando exactamente conforme a la revelación de su Palabra.

Exaltación sentimental

Aunque todo Israel era pueblo de Dios, no todos entraron en su reposo. Solo aquellos *"... que* **hemos creído** *entramos en el reposo ..."* (Hebreos 4:3a, énfasis añadido).

"... «¿Está el Señor entre nosotros, o no está?»" (Éxodo 17:7b, RVC). Estas palabras fueron dichas por los israelitas muy poco tiempo después de que Dios abriera para ellos el Mar Rojo que se convirtió además en el sepulcro de sus enemigos. La Escritura narra que la noche anterior a que Dios separara las aguas, el ángel que iba delante de ellos se colocó detrás, al igual que la columna de nube. De este modo, el campamento egipcio estaba en tinieblas, mientras que el campamento israelita se encontraba a plena luz. A causa de este milagro, los egipcios no pudieron acercarse a los israelitas en toda la noche. El viento enviado por Dios sopló lo necesario durante toda la noche para que las aguas se mantuvieran divididas (ver Éxodo 14:19-21). ¡Cómo es posible pensar que, después de tan impresionante despliegue del poder de Dios y frente a la imponencia de su fuerza, el pueblo continuara preguntando si Dios estaba con

ellos! Cada vez que ocurría una situación adversa, el pueblo murmuraba contra Moisés y contra Dios. En muchísimas oportunidades, a pesar de la profunda incredulidad de los israelitas, Dios escuchó sus voces, los libró y les proveyó lo necesario.

Cuando cruzaron el Mar Rojo, la Biblia relata el precioso canto de Moisés, con el cual todo Israel se alegró y todas las mujeres, junto a María, la hermana de Aarón, salieron a danzar y a hacer fiesta a nuestro Dios (ver Éxodo 15:1-21). Una vez que la fiesta y su algarabía concluyeron, los israelitas tuvieron que salir al desierto; caminaron por tres días sin hallar agua y cuando llegaron a Mara tuvieron sed, pero no pudieron beber las aguas porque eran amargas. ¿Cuál piensas que fue la reacción de los israelitas? Sería natural pensar: "Seguramente se unieron para celebrar en fe una reunión de alabanza y adoración, con cánticos que expresaran su confianza en Dios, seguros de su provisión en todo tiempo". Lamentablemente, este no fue el accionar de ellos, sino todo lo contrario, reaccionaron murmurando contra Moisés y diciendo: "... *¿Qué hemos de beber?*" (Éxodo 15:24b). Recordemos parte del cántico de Israel después de cruzar el Mar Rojo:

> *... Cantaré al Señor, que se ha engrandecido: ¡Ha echado en el mar jinetes y caballos!*
>
> *El Señor es mi fortaleza y mi cántico; ¡el Señor es mi salvación! Él es mi Dios, y lo alabaré; es el Dios de mi padre, y lo enalteceré.*
>
> Éxodo 15:1b-2, RVC

¡Qué palabras tan preciosas y verdaderas las que cantó Israel! Sin embargo, es triste observar que las alabanzas siempre eran cantadas a destiempo, es decir, *después* de la victoria. A este tipo de cántico lo denomino: *alabanza de la vista;* la canción surgió del corazón solamente cuando vieron la victoria. El deseo de Dios era que ellos pudieran cantar otro tipo de alabanza, la que denomino: *alabanza de la fe.* Nunca estuvieron preparados para cantar este tipo de alabanza. No andaban por la fe sino que andaban por la vista. Si los israelitas no hubieran vagado en sus corazones, habrían desarrollado una fe verdadera que los hubiera impulsado a cantar alabanzas de victoria cuando estaban en el lado oscuro de la situación.

Por encima y no por debajo

El anhelo de Dios era ver que su pueblo tuviera verdadera fe. Habrían conquistado las puertas de sus enemigos y poseído la tierra que Dios les había preparado. El salmista Asaf nos dio a conocer el deseo profundo del corazón de Dios, cuando dijo:

> *¡Ay, pueblo mío! ¡Si me hubieras escuchado! ¡Ay, Israel! ¡Si hubieras seguido mis caminos! ¡En un instante habría derrotado a tus enemigos, y habría descargado mi mano sobre tus adversarios! Los que me aborrecen se me habrían sometido, y*

yo, el Señor, pondría para siempre fin a sus días. Pero a ti te alimentaría con lo mejor del trigo, y apagaría tu sed con miel extraída de la peña.»
Salmo 81:13-16, RVC

Estas palabras que acabas de leer son eternas porque están inspiradas por el Espíritu de Dios. Sin embargo, es decepcionante ver con tristeza que pocas veces las vemos cumplidas en su pueblo.

Al igual que Israel, nosotros también alabamos al Señor usando la letra que Moisés y el pueblo cantaron, aunque seguramente con otra melodía. Por muchos años, culto tras culto de domingo, cantamos esa y otras alabanzas semejantes que nos hablan de fe, conquista y victoria. Pero... ¿qué pasa en nuestra vida a partir del lunes? Cantidad de veces tenemos la misma actitud que Israel en las aguas de Mara. Murmuramos, nos quejamos y entristecemos profundamente el corazón de Dios.

En otro de nuestros cánticos decimos: "Las circunstancias no me mueven a mí", y esto es una gran verdad. En algunas oportunidades, las circunstancias no nos mueven, sencillamente, nos aplastan. El objetivo de mis palabras no es poner en alto actitudes negativas o hacer una aguda crítica de algunas tristes realidades que vive la Iglesia. Lo que sí procuro a través de esta reflexión, es que le permitamos al Espíritu Santo mostrarnos nuestra propia realidad, para que, arrepintiéndonos de la incredulidad, podamos ser llevados por Él sobre alas de águila.

Dios nos ve en posición de *cabeza* porque es legalmente nuestra en Cristo Jesús. No obstante, para que esa *posición de cabeza* sea una realidad tangible en nuestras vidas, es necesario tener una fe genuina que nos lleva de *posición legal a posición real.*

La bendición de *ser cabeza* y estar *por encima* solamente, es una promesa hecha al pueblo de Israel bajo el antiguo pacto. Hoy, bajo el nuevo pacto y siendo parte del Israel de Dios disfrutamos de un mejor pacto y de mejores promesas (ver Gálatas 4:26; 6:16, Hebreos 8:6). Nuestra posición presente es muy superior a la posición del antiguo pueblo de Israel.

En el pasado, solo los dirigentes ungidos de Dios tenían la presencia del Espíritu Santo. El pueblo no poseía esa bendición, ya que su obediencia a Dios estaba regida por una ley. No poseían la poderosísima ayuda que hoy tenemos: *"... porque mayor es el que está en ustedes, que el que está en el mundo"* (1ª Juan 4:4b, RVC).

El pueblo de Israel podía decir con confianza que Dios estaba *con ellos*. El día de hoy nosotros podemos afirmar que Dios está: *con nosotros, en nosotros y sobre nosotros*. Si ellos no pudieron excusarse ante Dios, nosotros, mucho menos. El poder del Espíritu Santo que resucitó a Cristo de los muertos está en nosotros. Nuestro Señor, al dejarnos su Palabra escrita, lo hizo con la sublime intención de que no dudemos ni por un momento cuál es nuestra posición, no solo en los cielos, sino también sobre el mundo en el que vivimos.

Dios hace una promesa por medio del salmista. Si somos un pueblo que lo oímos, lo cual se resume en *fe, obediencia y dependencia,* entonces Él se encargará de derribar a nuestros enemigos, de volver su mano contra nuestros adversarios. Los que aborrecen a Cristo se someterán a nosotros, que no solo somos *el pueblo de Dios, sino también el glorioso cuerpo de Cristo.* El Señor promete sustentarnos *con lo mejor del trigo y con miel de la peña.* Su promesa sigue vigente; estaremos por cabeza y no por cola, por encima solamente y no por debajo. Esta es la posición en la cual Dios nos ve, legalmente hablando.

La generación que conquista la tierra se lanza osadamente en fe. Es aquella que, como su *Iglesia y su amada,* conquista de una vez por todas la posición que le pertenece en el mundo actual por *derecho y promesa.*

La generación que conquista la tierra, en su corazón y en su espíritu, va mucho más allá de algunas alabanzas cantadas con gran sentimiento, euforia, risas, palmas o danzas. Cada día de su vida vive en la posición que Cristo conquistó por ella. Retiene la Palabra, se somete a Dios, camina en el propósito del Señor, conquista lo prometido y no solo expresa con sus labios *soy más que vencedor,* sino que vive cada día la experiencia *de ser más que vencedor.*

La generación que conquista la tierra vive y se mueve en Dios; ha quitado la vaguedad de su corazón.

La generación que conquista la tierra vive en la gracia, porque ha recibido el perdón y camina en posesión.

La generación que conquista la tierra vive el sabor de la conquista.

La generación que conquista la tierra vive en el gozo de las alabanzas de la fe.

La generación que conquista la tierra vive en su posición real de cabeza.

La generación que conquista la tierra vive cosechando la victoria de la fe.

La iglesia de Cristo de esta generación sabe que es cabeza y no cola; Dios ha delegado en ella la misión de ser la generación que conquista la tierra.

Capítulo 9

Oídos Hi-Fi

Y ésta es la victoria que ha vencido al mundo: nuestra fe.
1ª Juan 5:4b, RVC

Aquellos que conocemos lo que es pertenecer a esa "raza excéntrica" de los llamados músicos, compartimos una misma debilidad: *los sistemas de sonido*. Cuando visitamos una tienda de artículos musicales podríamos quedarnos a vivir en ella por siempre. Entre todas esas maravillas electrónicas nos olvidamos del reloj, lo que con mucha razón enoja a nuestra esposa, ya que cuando ella nos pide que la acompañemos a la tienda de ropa, el estar allí tan solo dos minutos nos parece una eternidad.

En esta era de tecnología avanzada, las marcas en el mercado luchan por ofrecer la mejor calidad de sonido a sus clientes. Cada una de ellas presume tener el más revolucionario sistema de sonido *Hi-Fi* o de alta fidelidad. Quien logra la más alta fidelidad tiene la posibilidad de acaparar mayor clientela y obtener mayores ventas.

Nuestra búsqueda de calidad responde a nuestro deseo de escuchar música a través de sistemas de sonido que ofrezcan la alta fidelidad que nuestros "refinados" oídos exigen. ¡Atención, atención...! *Músicos y no músicos, esta es la gran primicia: existe un sistema Hi-Fi que fue, es y será por siempre el más fiel, los oídos de Dios.*

La alta fidelidad de los oídos de Dios es tan refinada, que es capaz de captar "el sonido" que emiten las intenciones más íntimas de cada uno de sus hijos. Siendo así, descubrir la manera en que el Señor aplica su fidelidad auditiva hacia nuestras vidas es relevante.

Como cristianos, somos propensos a dividir la vida en espiritual y secular. Esta concepción acerca de la vida, además de estar errada, nos coloca en una zona de alto riesgo porque comenzamos a aprobar ciertas decisiones y acciones en el ámbito "secular" que no aprobaríamos en el ámbito "espiritual". Es por esta causa que muchas veces, y cabe agregar, aún inconscientemente, nuestra manera de pensar, de hablar y de actuar no es del todo congruente.

Al comenzar el día, solemos hacerlo con lo que se conoce habitualmente como "tiempo devocional". Allí, buscamos el rostro del Señor, nos alimentamos de su Palabra y oramos declarando que dejamos todo en sus manos. Luego, transcurren las horas con sus ajetreos y dificultades, sobreviene un problema tras otro, de modo que perdemos la conciencia de la presencia de Dios como si se hubiera alejado de nosotros. Los pensamientos y las declaraciones de fe de nuestro tiempo de oración matutino se transforman en sentimientos negativos que nos alejan de las promesas de Dios. Súbitamente olvidamos que la vida cristiana es un todo y que nuestro Dios nos oye y nos ve como sus hijos en todo momento. De manera inconsciente, y a su vez equivocada, concebimos la oración como una práctica a la que dedicamos un tiempo específico de nuestro tiempo devocional, olvidando así que, para el Señor, la oración es todo aquello que decimos y hacemos durante cada segundo de las veinticuatro horas del día.

Si disociamos el "tiempo devocional" de nuestro andar diario, estaremos ante una práctica religiosa engañosa que aparenta genuina espiritualidad, pero que es completamente opuesta a la religión pura (ver Santiago 1:26-27). Cristo vino al mundo para que el ser humano viva en comunión íntima con Él y no para que tenga una práctica religiosa.

> *Señor, tú me has examinado y me conoces; tú sabes cuando me siento o me levanto; ¡desde lejos sabes todo lo que pienso! Me vigilas cuando camino y cuando descanso; ¡estás enterado de todo lo que hago! Todavía no tengo las palabras en la lengua, ¡y tú, Señor, ya sabes lo que estoy por decir!*
>
> Salmo 139:1-4, RVC

Estas palabras del salmista David ponen de manifiesto la profundidad del conocimiento que Dios posee de nuestras vidas. Si pensamos que la cosecha de vida que Dios nos brinda está determinada por nuestra "espiritualidad del tiempo devocional", estamos muy equivocados. Esa cosecha de vida está directamente vinculada a la comunión íntima con el Señor durante las veinticuatro horas de cada día.

> *El que cuida su boca se cuida a sí mismo; el que habla mucho tendrá problemas.*
>
> Proverbios 13:3, RVC

> *El necio provoca su propio mal; con sus propios labios se tiende una trampa.*
>
> Proverbios 18:7, RVC

Estos versículos son muy claros. Nuestra boca tiene el poder de determinar la clase de fruto que obtendremos como cosecha personal.

No acortes la cinta de medir

> *"Diles: 'Vivo Yo,' declara el SEÑOR, 'que **tal como han hablado a mis oídos, así haré Yo con ustedes**.*
>
> Números 14:28, NBLH, (énfasis añadido).

Estas palabras, cumplidas inexorablemente en el pueblo de Israel mientras anduvo por el desierto, certifican de manera rotunda que los oídos de Dios son de alta fidelidad. Los israelitas no percibieron que todas sus expresiones, tanto las que hablaron abiertamente y a viva voz, como sus intenciones más ocultas, las dijeron directamente a los oídos de Dios. La alta fidelidad de los oídos divinos captó a la perfección cada motivación que ellos expresaron en palabras, y el Señor "emitió hacia los israelitas el mismo sonido que ellos tocaron a sus oídos", dándoles exactamente lo que hablaron.

Años más tarde, Jesús amplió y explicó con detalle cómo funciona la alta fidelidad de los oídos de Dios con estas palabras: *"Si alguno tiene oídos para oír, que oiga.» También les dijo: «Fíjense (mirad) bien en lo que oyen; porque con la medida con que ustedes midan a otros, serán medidos, y hasta más se les añadirá"* (Marcos 4:23-24, RVC, texto añadido).

A fin de explorar la riqueza que este pasaje bíblico contiene, nos enfocaremos en lo que denomino las *tres leyes espirituales*. En ellas se describen principios relacionados con la siembra y la cosecha que ponen de manifiesto que la respuesta personal condiciona el resultado final. Cuando Jesús declaró estas leyes espirituales que analizaremos seguidamente, lo hizo en el contexto de una enseñanza en la que habló acerca del sembrador que salió a sembrar la Palabra de Dios (ver Marcos 4:3, 14). Mostró que la cosecha o el resultado final de esa Palabra sembrada depende exclusivamente del terreno, es decir, del corazón del receptor de la semilla. De este modo, es evidente que, en principio, estas tres leyes espirituales se aplican a la manera en que oímos a Dios y a su Palabra.

Nuestro Señor comenzó diciendo que nuestros oídos, en especial los espirituales, deben estar bien abiertos. Recordemos que toda Palabra que provenga de Jesucristo es *espíritu y vida*, y nosotros necesitamos recibir el mayor provecho de cada una de ellas.

La primera ley: *Fíjense* (mirad) *bien en lo que oyen.*

El uso de la palabra fijarse o mirar en este relato, es sumamente interesante. Lo más lógico y adecuado para decirle a una persona es: "Por favor, *oye* lo que te estoy *diciendo y fíjate o mira* lo que te estoy *mostrando*". Sin embargo, en este mandato del Señor se nos ordena hacer algo poco común: *fijarse bien en lo que oímos*. Es obvio que el uso del término *fijarse o mirar* en el contexto de este pasaje bíblico se refiere a poner suma atención en oír lo que Dios nos dice para creerlo y actuar en fe. Pero esta comprensión básica, ¿abarca en su totalidad lo que el Señor está enseñando? Es aquí donde por el Espíritu Santo podemos ahondar un poco más en el significado de este término. Cuando el Señor nos llama a *fijarnos o mirar* bien lo que oímos, tiene como objetivo hacernos comprender que para oír a Dios es primeramente indispensable poseer en nuestro interior la mentalidad y el enfoque de Dios, a fin de *ver con sus ojos lo que Él nos habla, para interpretar correctamente lo que en verdad Él está diciendo*.

Supongamos que acabas de salir de un auditorio en donde oíste una importante conferencia y quedaste muy impactado con una corta, pero sobresaliente frase. Rápidamente anotaste la célebre frase y, al terminar la conferencia, te diste a la tarea de entrevistar a unos cuantos oyentes para preguntarles qué fue lo que el conferencista quiso decir con esa expresión. Para tu sorpresa, comprobaste que todos los presentes oyeron exactamente la misma frase, pero no todos ellos estuvieron de acuerdo acerca de lo quiso decir el expositor. Esto no es algo extraño, sino habitual, y ocurre así porque cada persona posee una perspectiva particular. Si bien todos oyeron el mismo mensaje, cada uno interpretó lo que el expositor dijo a la luz de su propio punto de vista. Este ejemplo sirve para comprender que cuando Jesús nos confronta a *fijarnos bien en lo que oímos,* nos está impulsando a deshacernos de nuestras interpretaciones privadas, para oír y ver todas las cosas como Dios las ve. Para lograrlo, es imprescindible librarnos de las deducciones erróneas que resultan de anteponer "nuestro inteligente punto de vista" cuando oímos a Dios. En resumen, *no es lo mismo oír lo que Dios habla, que oír lo que Dios dice.*

Veamos la verdad de esta declaración ejemplificada en lo sucedido al pueblo de Israel. Todos los israelitas habían oído las palabras: *"Envía tú hombres que reconozcan la tierra de Canaán,* **la cual yo doy a los hijos de Israel...**" (Números 13:2, énfasis añadido). Todos escucharon perfectamente lo que Dios habló, pero es evidente que no miraron, es decir, no interpretaron correctamente lo que Dios dijo, porque no tuvieron en sus corazones los ojos de Dios. Por esa razón, les fue imposible creer a la promesa del Señor y poseer la tierra.

La segunda ley: *Porque con la medida con que ustedes midan a otros, serán medidos.*

¿Cómo midió el pueblo de Israel a Dios y a sus Palabras? A Dios, como impotente y a sus Palabras como imposibles de realizar. Midieron a Dios como incapaz de darles la victoria sobre sus enemigos para introducirlos a la tierra. Por lo tanto, como cosecha, recibieron la misma medida con la cual midieron al Señor y a sus Palabras.

Ellos dijeron: "No podremos vencer".
Dios les dijo: "No vencerán".
Ellos dijeron: "Somos débiles ante un pueblo tan fuerte".
Dios les dijo: "Serán débiles contra ellos".

Ellos dijeron: "Son raza de gigantes y nosotros parecemos langostas".

Dios les dijo: "Serán langostas delante de ellos".

Después de todo su fracaso, pidieron perdón. Luego, intentaron obstinadamente volver a tomar la tierra y fueron derrotados.

*No suban, para que no sean derrotados delante de sus enemigos, **porque el Señor no está en medio de ustedes**. Los amalecitas y los cananeos están allí, delante de ustedes, y **ustedes morirán a filo de espada por haberse negado a seguir al Señor**. Por eso el Señor no está con ustedes.» Y aunque **ellos se obstinaron en subir a la cima del monte**, el arca del pacto del Señor, y Moisés, no se apartaron de en medio del campamento. Entonces bajaron los amalecitas y los cananeos que habitaban en aquel monte, y los hirieron y los derrotaron, y los persiguieron hasta Jormá.*

Números 14:42-45, RVC, (énfasis añadido).

¡Innegable! Así como ellos midieron a Dios y a su Palabra, el Señor los midió a ellos.

La tercera ley: *y hasta más se les añadirá.*

Por medio de Moisés, todo el pueblo de Israel oyó *el mismo mensaje de Dios*. Sin embargo, a cada uno se le añadió conforme a *cómo oyó* y a *cómo midió* a Dios y a su Palabra. Cosecharon de acuerdo con su incredulidad o a su fe. Dios les dijo con toda claridad: "... *tal como han hablado a mis oídos, así haré Yo con ustedes*" (Números 14:28, NBLH). Esto nos permite ver dos tipos de cosechas opuestas entre sí:

1. Aquello que se le añadió a Israel como pueblo.

En este desierto caerán los cadáveres de ustedes, todos sus enumerados de todos los contados de veinte años arriba, que han murmurado contra Mí [...] En cuanto a los hombres a quienes Moisés envió a reconocer la tierra, y que volvieron e hicieron murmurar contra él a toda la congregación dando un mal informe acerca de la tierra, **aquellos hombres que dieron el mal informe acerca de la tierra, murieron debido a una plaga delante del SEÑOR.**

(Números 14:29, 36, 37, NBLH, (énfasis añadido).

2. Aquello que se le añadió a Josué y Caleb.

Pero a mi siervo Caleb, por cuanto hubo en él otro espíritu, y decidió ir en pos de mí, **yo le meteré en la tierra donde entró, y su descendencia la tendrá en posesión** *[...] Pero Josué hijo de Nun y Caleb hijo de Jefone quedaron con vida, de entre aquellos hombres que habían ido a reconocer la tierra.*

Números 14:24, 38, (énfasis añadido).

Sólo la verán Caleb hijo de Yefune el quenizita, y Josué hijo de Nun, **porque ellos sí fueron perfectos y me han seguido.***"*

Números 32:12, RVC, (énfasis añadido).

Estos claros ejemplos nos dan a entender que las tres leyes espirituales enseñadas por Jesús se cumplen inexorablemente. *La respuesta personal condiciona el resultado.*

A modo de conclusión de lo que he denominado las tres leyes espirituales, te pido que medites en la siguiente historia.

Imagina que te levantas muy temprano una mañana y tomas el periódico. De pronto, en la primera plana, y en letra gigante, te encuentras con el texto de un decreto presidencial que dice de la siguiente manera: "A partir del día de la fecha, queda establecido oficialmente que a todo aquel que tiene, se le dará; y al que no tiene, aun lo que tiene se le quitará".

Después de leer la noticia, te refriegas los ojos varias veces para corroborar que en verdad estás despierto y que estás leyendo correctamente. Cuando lo compruebas, te sientes profundamente indignado y sorprendido de que el mismo presidente haya decretado algo tan irracional e injusto.

Apartándonos un poco de la historia, te cuento que el contenido principal del "supuesto decreto presidencial" no solo forma parte del texto bíblico; además, fueron palabras expresadas por el mismo Jesucristo. Ya sé…, ahora además de la sorpresa, alguien de tu familia está llamando a emergencias porque tienes un fuerte dolor en el pecho. Por favor, tranquilízate… todo se va a arreglar y a quedar perfecta y racionalmente entendible.

Tú y yo somos plenamente conscientes de que en Jesús no existe ninguna clase de injusticia. Las palabras del Señor: *"Porque al que tiene, se le dará; y al que no tiene, hasta lo poco que tiene se le arrebatará."* (Marcos 4:25, RVC), se dijeron dentro de un contexto particular. Por tal razón, no deben ser sacadas y aplicadas fuera del contexto en que Jesús las expresó.

Esta declaración del Señor se encuentra registrada inmediatamente debajo de lo que hemos considerado como las tres leyes espirituales, porque es la conclusión que Jesús hizo de todo lo que hemos analizado hasta aquí. La intención del Señor al decir esas palabras es describir el terrible desenlace que experimentan nuestras vidas cuando al escuchar la Palabra de Dios anteponemos nuestro contaminado enfoque personal. Lamentablemente, tenemos un ejemplo vivo de esta tragedia al mirar lo que le sucedió a los israelitas conducidos por Moisés, a causa de anteponer sus opiniones, razonamientos y argumentos. Ellos cometieron el error de hablar y de tomar resoluciones siendo guiados por la contaminada y distorsionada perspectiva personal de lo que Dios ya había prometido.

Cosecha final: *Porque al que tiene, se le dará.*

- Josué y Caleb tuvieron fe, obediencia y valentía para cumplir las palabras de Dios.
- Como recompensa a su actitud de fe, se les dio: vida personal, vida familiar, y posesión de la tierra.
- Fueron considerados por Dios como: *"Perfectos en seguirle"* (ver Números 32:12).

Cosecha final: *y al que no tiene, hasta lo poco que tiene se le arrebatará.*

Israel, como pueblo, no tuvo fe, no tuvo obediencia y no tuvo valentía. Esta fue la "recompensa" a su actitud de incredulidad:

- Tenían vida: les fue quitada y quedaron postrados en el desierto (ver Números 32:12).
- Tenían la promesa de poseer Canaán: se les quitó, la vieron, pero no la poseyeron porque murieron en el desierto (ver Números 14.29).
- Eran esposos y padres: por esta condición, alegaron que cumplir la orden de Dios significaba que sus familias serían "presa del enemigo" (ver Números 14:3). Por estas palabras, los esposos murieron junto a sus esposas en el desierto y sus hijos poseyeron la tierra prometida siendo huérfanos de padres.

Hermanos, ¿cómo estamos midiendo a Dios y a su Palabra? El desierto o la tierra de Canaán, la derrota o la victoria, la muerte o la vida están en nuestras manos. El resultado final depende de nuestras palabras y actitudes de fe. Midamos a nuestro Señor como aquel que es *el gran Yo soy, el Todopoderoso*.

Arenas al rojo vivo

La historia nos permite saber que, en los comienzos del cristianismo, a nuestros hermanos los entregaron a los leones en la arena del circo romano. Aquellos que los veían morir despedazados por las fieras no podían entender lo que ocurría en esos cristianos: *veían en sus rostros una sonrisa.*

Si hablamos de conquista, también tenemos que referirnos a la lucha y a los enemigos. Algunas veces tenemos una idea errada acerca de la conquista, porque al hablar de ella, pensamos que la lucha se puede llevar a cabo en las arenas, pero... en *las arenas del Caribe*, con un bello paisaje delante y una refrescante piña colada en nuestra mano. Esto no es lo que enseña la Escritura. El siguiente relato lo atestigua:

> *Algunos de los judíos creyeron, y se unieron a Pablo y Silas. También creyeron muchos griegos que adoraban a Dios, y muchas mujeres distinguidas. Pero esto hizo que los judíos que no creían se llenaran de celos, y que reunieran a unos malvados que andaban ociosos por la calle para que alborotaran y perturbaran la ciudad. Atacaron además la casa de Jasón, buscando a Pablo y a Silas para sacarlos y entregarlos a la gente; pero como no los encontraron allí,* **llevaron a rastras a Jasón y a algunos otros hermanos ante las autoridades de la ciudad,** *gritando: —¡Estos hombres, que han trastornado el mundo entero, también han venido acá, y Jasón los ha recibido en su casa! ¡Todos ellos están violando las leyes del emperador, pues dicen que hay otro rey, que es Jesús!*
>
> Hechos 17:4-7, DHH, (énfasis añadido).

El libro de los Hechos relata varios momentos semejantes al que acabamos de leer, en los que se comprueba cuánto sufrieron nuestros hermanos de antaño por predicar a Cristo y su evangelio (ver Hechos 9:23, 29; 13:45, 50; 14:2, 5, 19; 17:13; 18:12). El diablo se encargó de usar personas como instrumento suyo para perseguir, apedrear y dar muerte a los discípulos de Cristo.

A nadie le gusta oír hablar de guerra y mucho menos participar en una. No obstante, la Palabra infiere que los hijos de Dios estamos inmersos en una guerra espiritual de conquista desde el mismo momento en que el Señor nos considera *soldados de Jesucristo*. El Espíritu Santo se encargó de dejar registro del enrolamiento militar de los creyentes a través del siguiente escrito del apóstol Pablo a Timoteo: *"Tú, pues, hijo mío,* **fortalécete en la gracia** *que hay en Cristo Jesús. [...]* **Sufre penalidades** *conmigo,* **como buen soldado de Cristo Jesús.** *El* **soldado en servicio activo** *no se enreda en los negocios de la vida diaria, a fin de poder agradar al que lo reclutó como* **soldado***"* (2ª Timoteo 2:1, 3-4, NBLH, énfasis añadido).

La Iglesia de Cristo es triunfante, vencedora e inmortal desde el mismo momento en que se creó, debido a que está fundada sobre la roca eterna, que es Jesucristo. Esta inmutable verdad no cancela los ataques del diablo contra la Iglesia, pero certifica que ella, como portadora de la autoridad de Cristo Jesús, es indestructible y puede enfrentar toda fuerza del enemigo sin sufrir ningún daño (ver Lucas 10:19). Por ser soldados de Cristo, sufrimos diferentes ataques de parte de nuestro adversario el diablo, pero aún así, él no puede actuar contra nosotros a su antojo.

Es más, la Palabra expresa: *"Todo el mundo los odiará por causa de mi nombre.* **Pero no se perderá ni un solo cabello de su cabeza.** *Si se mantienen firmes, se salvarán"* (Lucas 21:17-19, NVI, énfasis añadido).

Uno de los ataques más usados por el diablo está dirigido directamente contra todos aquellos que somos parte del cuerpo de Cristo. Problemas personales, matrimoniales, familiares, financieros, enfermedades y otros semejantes. El objetivo del enemigo es amedrentarnos para que no tomemos el lugar de lucha que Dios nos ha asignado. Tratará de mantenernos ocupados en nuestras propias situaciones, girando siempre alrededor de nosotros mismos y sintiéndonos cómodos con el egocentrismo. Si el enemigo logra este objetivo, empezaremos a actuar y a vivir como lo hace la gente del mundo, volviéndonos inservibles para el Señor, como si fuéramos *soldados en licencia absoluta o permanente.*

Ya es tiempo de dejar definitivamente todas nuestras cargas y afanes en el Señor. En el preciso momento en que decidimos descentralizarnos, en el nombre y poder de nuestro Señor, ocurre algo maravilloso y sobrenatural, comenzamos a experimentar su victoria. Allí nos enfrentamos al enemigo para decirle: *Para vida o para muerte, tomaré el lugar de soldado que el Señor me ha asignado en esta lucha.* En ese instante, las cadenas que el diablo puso a nuestro alrededor son quebradas como si fueran de papel. Comenzamos a hablar y actuar en una fe que nunca habíamos experimentado; tomamos el *lugar real* en el cuerpo de Cristo. De este modo, ocupamos el lugar de lucha que Dios nos asignó en la conquista de la tierra que nos ha dado por herencia.

La generación que conquista la tierra oye la Palabra de Dios con profunda fe para vivir por ella.

La generación que conquista la tierra vive cada minuto del día pensando, hablando y actuando en las promesas de Dios.

La generación que conquista la tierra vive teniendo como meta ser perfecta ante los ojos del Señor.

La generación que conquista la tierra mide a Dios como lo que es: el gran Yo soy, el Todopoderoso.

La generación que conquista la tierra vive luchando en las arenas de este mundo como soldado del ejército de Jesucristo.

La iglesia de Cristo de esta generación sabe que es cabeza y no cola; Dios ha delegado en ella la misión de ser la generación que conquista la tierra.

Capítulo 10

El germen

Haz lo que yo digo, pero no lo que yo hago. Esta famosa frase popular es utilizada usualmente para referirse a diferentes tipos de dirigentes, ya sea en lo social, en lo político, en lo religioso o en cualquier otra área. Se suele decir que a algunos esta frase les queda como "anillo al dedo", ya que en muchas oportunidades dicen y prometen cosas que nunca realizan.

> *Así que ustedes deben obedecer y hacer todo lo que ellos les digan, pero no sigan su ejemplo, porque dicen una cosa y hacen otra.*
>
> Mateo 23:3, RVC

Acabas de leer una advertencia que Jesús compartió con la gente y sus discípulos refiriéndose a "sus amigos" escribas y fariseos. Hizo esta declaración con el fin de advertirles que sus vidas eran diametralmente opuestas a sus enseñanzas.

Creo no equivocarme si afirmo que una de las cosas que más nos indigna es la hipocresía. Personas que dicen ser y no son; que dicen hacer y no hacen, pero que tienen una gran capacidad para decirle a los demás lo que tienen que decir y hacer. Jesús nunca tuvo nada en común con esta clase de personas, más bien, se encargó de quitarles el disfraz y mostrarlas tal cual eran.

En la última cena que Jesús compartió con sus discípulos antes de su crucifixión, se observa una acción de suma trascendencia: a nuestro Señor y Maestro lavando los pies de sus discípulos. Una de las cosas que me inspira la más profunda admiración hacia nuestro Señor, es que jamás le dijo a los demás lo que tenían que hacer, sin mostrar con hechos contundentes que Él lo había hecho primero. *"Porque les he puesto ejemplo, para que lo mismo que yo he hecho con ustedes, también ustedes lo hagan"* (Juan 13:15, RVC).

Jesús sabía perfectamente que para ser un dirigente conforme al corazón de Dios, se debe enseñar y predicar lo que se vive. Mucho más importante que las palabras y la enseñanza de un maestro, es *su espíritu*. Lo que queda apegado y marcado a fuego en el corazón de un discípulo es el espíritu de aquel que le está enseñando. El espíritu con el cual se dice o hace algo influye mucho más profundamente que las palabras que se utilizan y los hechos que se realizan.

Ser o parecer

Mucha gente vive bajo el lema: *No solo hay que serlo, sino también parecerlo.* De acuerdo con este enunciado, toda persona necesita esforzarse para parecer lo que es, y demostrar así, que es merecedora de su buena reputación y un ejemplo ante los demás. Ahora bien, si una persona se esfuerza por parecer y dar una imagen intachable de sí misma, pero sin serlo, ¿qué va a ocurrir? Que tarde o temprano, estando en vida o después de muerta, saldrá a luz la verdad y se derrumbará toda la plataforma que levantó para tratar de *parecer sin ser.*

Cuando observas el agua de un manantial brotando de las profundidades de la tierra, ¿es porque está intentando parecer que es un manantial? Claro que no; simplemente brota porque esa es su esencia o naturaleza. Hasta aquí hemos estado meditando acerca de una verdad que Jesús certificó con estas palabras: *"Porque nada hay oculto, que no haya de ser manifestado; ni escondido, que no haya de ser conocido, y de salir a luz"* (Lucas 8:17).

Mi intención principal con toda esta reflexión es mostrarte el poder intrínseco del espíritu de una persona para transmitir su naturaleza o esencia. De forma ineludible, toda persona transmitirá lo que ella es en esencia. Siendo así, ¿qué es lo que un dirigente va a transmitir a los que tiene a su cargo? La respuesta es sencilla: *su esencia,* lo más íntimo de su propio espíritu y persona. Es más, aunque se dedique estrictamente a inculcar buenos principios y actitudes correctas, solo será capaz de transferir lo que él es en la profundidad de su ser interior. Si alguien en su esencia es de espíritu triste, va a transmitir a los demás esa tristeza, aunque no hable una sola palabra de ella. En cambio, si alguien en su esencia posee un espíritu de fe, va a transmitir esa fe, aunque tampoco hable una sola palabra de ella. A la luz de esta realidad espiritual, no es extraño encontrar similitudes entre Moisés y el pueblo al cual guió, como así también semejanzas entre Josué y el pueblo al cual dirigió.

Como ya hemos observado, cuando Moisés fue llamado por Dios antepuso una serie de argumentos, excusas y palabras de incredulidad. Incluso en otras ocasiones en las que Dios le habló, Moisés respondió mirando la imposibilidad que tenía delante de sus ojos. La Biblia refiere una de esas ocasiones en el capítulo once del libro de Números. En esa oportunidad los israelitas se quejaron del maná y le pidieron a Moisés que les diera a comer carne. Dios intervino en la escena y le dijo a Moisés que les daría a comer carne, pero no por un día, ni dos, ni cinco, ni diez, ni veinte, sino hasta un mes entero; hasta que les saliera por las narices y la aborrecieran (ver Números 11:19-20). Moisés, entonces, le respondió a Dios diciendo: "... *—Me encuentro en medio de un ejército de seiscientos mil hombres, ¿y tú hablas de darles carne todo un mes?* **Aunque se les degollaran rebaños y manadas completas, ¿les alcanzaría? Y aunque se les pescaran todos los peces del mar, ¿eso les bastaría?**" (Números 11:21-22, NVI, énfasis añadido).

La respuesta de Moisés a Dios no fue precisamente lo que podríamos llamar una poderosa expresión de fe, sino un atrevido cuestionamiento de incredulidad. Debido a estas palabras, *"... el SEÑOR le dijo a Moisés: —¿Acaso mi brazo ha perdido su poder? ¡Ahora verás si mi palabra se cumple o no!"* (Números 11:23, NTV, énfasis añadido).

En la Escritura se describe a Moisés como un hombre que *"... fue fiel en toda la casa de Dios..."* (Hebreos 3:5a), y que se sostuvo en fe *"... como viendo al Invisible"* (Hebreos 11:27b). Esta preciosa y verdadera descripción divina de Moisés, no anula el hecho de que Dios se enojara con él cuando lo llamó a libertar a Israel de la esclavitud en Egipto (ver Éxodo 4:14).

Regresando por un instante al pasaje del libro de Números del que hicimos mención anteriormente, en él se observa que Dios desafió a Moisés haciéndole ver que su brazo no había perdido su poder y que su Palabra se cumpliría. En ambos diálogos, tanto en el que se registra el llamado del Señor a Moisés, como en el que aparece en el libro de Números, capítulo once, la respuesta de Dios estuvo formulada como consecuencia de las excusas y argumentos que Moisés interpuso por causa de su incredulidad. Al término de cada episodio Moisés obedeció en todo, pero esa obediencia no surgió como resultado natural de haberle creído a Dios de *inmediato y con todo su corazón*.

Las recurrentes excusas, argumentos y palabras de incredulidad que estuvieron en Moisés, ¡oh, casualidad!, también estuvieron en la generación que condujo por el desierto. Si bien todo el tiempo Moisés exhortaba a los israelitas a obedecer y creer a la Palabra de Dios, en sus palabras y acciones se observa falta de fe.

En Moisés había un *germen* que le acompañó durante toda su trayectoria sobre la faz de la Tierra. Aunque él no tenía la intención de transmitir ese *germen* al pueblo, era inevitable porque estaba en su esencia.

Por otra parte, cuando observamos el llamado de Dios a Josué, encontramos que Dios le habló a un varón que no lo interrumpió, ni argumentó, ni se excusó. Cuando el Señor terminó de hablar, la única acción que Josué realizó fue obedecer la palabra que Dios le había hablado. Sirva de recordatorio que la generación que Josué guió a poseer la tierra es aquella que contempló tristemente cómo sus mayores murieron en el desierto por no haberle creído al Señor. Josué hizo lo mismo que Moisés, le enseñó al pueblo a creer y a obedecer a Dios; pero esta generación, a diferencia de la generación de Moisés, fue obediente porque le creyó al Señor.

Uno de los momentos en que Josué demostró su actitud de fe se encuentra en el capítulo diecisiete del libro que lleva su nombre. Es el relato que describe la queja de la tribu de José por causa de la estrechez del lugar que habitaban. Josué, después que oyó el reclamo, los instó a desmontar el bosque y habitarlo. La tribu de José argumentó que los habitantes de la región tenían carros herrados, por lo tanto, consideraban que era imposible que ellos los pudieran vencer. La respuesta de Josué a esas palabras cargadas de un espíritu de derrota fue la siguiente: "... ***Tú eres gran pueblo, y tienes gran poder; no tendrás una sola parte, sino que aquel monte será tuyo; pues aunque es bosque, tú lo desmontarás y lo poseerás hasta sus***

límites más lejanos; *porque tú arrojarás al cananeo, aunque tenga carros herrados, y aunque sea fuerte"* (Josué 17:17b-18, énfasis añadido).

El contenido de estas palabras refleja que Josué era un hombre de una fe inconmovible. En su vida también había un *germen* que le acompañó durante toda su trayectoria: su fe y su obediencia, las cuales transmitió al pueblo.

Al hablar de obediencia, solemos mirar la acción externa realizada por una persona en respuesta a una orden, para definirla como obediente o desobediente. No obstante, este tipo de análisis nos puede conducir a cometer un gran error. Fue por esa razón que Jesús dijo: *"No juzguen ustedes por las apariencias. Cuando juzguen, háganlo con rectitud"* (Juan 7:24, DHH).

El Señor nos insta a que aprendamos a discernir espiritualmente para poder observar más allá de las apariencias. De ese modo, podremos ver lo que yo denomino "la cocina de la obediencia", es decir, aquel espacio en el interior de una persona donde se genera todo lo que ocurre entre Dios y ella, previo al acto de obediencia externa y visible a los demás. Se puede obedecer a Dios después de que "en la cocina" se estuvo opinando, argumentando o hasta altercando con Él por causa de aquello que nos pidió creer y obedecer. Pero esa obediencia no es igual a la que surge de una "cocina limpia", donde el Señor habla y nosotros, sin palabras, ni excusas de ninguna clase, simplemente *obedecemos*, "preparando el plato que Él nos pide".

Aunque los actos de obediencia de dos personas se vean exactamente iguales a los ojos de los hombres, Dios no los ve de igual manera. Para el Señor lo que cuenta es lo previo a la acción, lo que ocurrió entre Él y esas personas "en la soledad de la cocina", que es la intimidad del corazón. Es evidente que Dios no cambia. En todo tiempo busca que la obediencia de su pueblo surja como resultado de creer a sus palabras con *todo el corazón*.

Pinceladas

A veces desearíamos que las enseñanzas bíblicas fueran como un precioso cuadro donde quedáramos extasiados contemplando sus maravillosas y penetrantes verdades, pero, claro está, sin que afecte el ritmo de nuestra existencia. Esa es una idea muy romántica a la que podemos ponerle violines como música de fondo, pero que está muy lejos del propósito divino. El Señor afirma que su Palabra es: "… *viva y eficaz, y más cortante que toda espada de dos filos; y penetra hasta* **partir** *el alma y el espíritu, las coyunturas* (articulaciones) *y los tuétanos* (la médula de los huesos), *y discierne los pensamientos y las intenciones del corazón*" (Hebreos 4:12, texto y énfasis añadidos).

El Señor asevera que por medio de su Palabra, las profundidades más íntimas de nuestro ser *son partidas*, y que los pensamientos e intenciones del corazón son discernidos (griego: kriticos), lo cual significa, literalmente, que son "*puestos a juicio*"¹. ¿Qué se propone el Señor a través de una acción tan profunda e íntima? Se propone hacer que nos veamos tal cual somos, sin engaños, porque sabe muy bien que nuestro corazón puede desviarnos de *su verdad*. Debemos permitir que la espada del Espíritu penetre hasta lo más recóndito de nuestro ser, sin importar cuál sea el dolor o la fealdad que descubra en nosotros.

La generación que conquista la tierra es plenamente consciente de que en su espíritu existe un *germen*. Si dejamos que Dios trabaje profundamente en nosotros, el *germen* que habitará en nuestro espíritu estará impregnado de las cualidades del Espíritu Santo. Si no le permitimos a Dios realizar esta profunda tarea, reflejaremos el *germen* de nuestra propia debilidad.

La generación que conquista la tierra es la que permite que Dios forme en ella *su corazón*, de tal modo que se transforme en la generación que *leuda* con el Espíritu de Cristo *toda la masa* del mundo en el que vive.

La generación que conquista la tierra sabe que lo que queda marcado a fuego en el corazón de las personas es el espíritu con el cual decimos y realizamos todas nuestras obras.

La generación que conquista la tierra vive genuinamente lo que es, sin tratar de aparentar o de parecer.

La generación que conquista la tierra habla palabras de fe que surgen de lo profundo de su corazón.

La generación que conquista la tierra sabe que tiene la misión de "leudar" con el evangelio de Cristo toda la "masa" de este mundo.

La generación que conquista la tierra es aquella que permite que el Señor desaloje todo germen que contamina su espíritu y que ponga en ella su germen divino, para creer y actuar con todo el corazón.

La Iglesia de Cristo de esta generación sabe que es cabeza y no cola; Dios ha delegado en ella la misión de ser la generación que conquista la tierra.

---

[1] Vine, W. E., *Diccionario Expositivo de palabras del Nuevo Testamento*, Editorial CLIE, Viladecavalls, Barcelona, España, 1984, página 451.

Capítulo 11

La mezcla

*... Vayan por todo el mundo y prediquen el evangelio
a toda criatura.*
Marcos 16:15, RVC

Estas son las palabras con las que se describe el encargo que el Señor les hizo a los suyos mientras aún estaba en la Tierra, poco antes de ascender a los cielos. Desde ese momento trascendente, la Iglesia de Cristo se ha dedicado a extender el evangelio de la gracia de Dios a través de todos los medios posibles.

Somos conscientes de que la voluntad del Señor es *que todos los hombres sean salvos por la predicación del evangelio* (ver 1ª Timoteo 2:4). No aceptaríamos la opinión de un cristiano que nos dijera que no prediquemos el evangelio. Sin dudar, y de manera rotunda diríamos que algo anda muy mal en ese creyente. Sin embargo, al investigar las

Escrituras nos encontramos con un incidente *aparentemente contradictorio* con la enseñanza de nuestro Señor de predicar el evangelio a toda criatura.

> *Y atravesando Frigia y la provincia de Galacia,* **les fue prohibido por el Espíritu Santo hablar la palabra en Asia;** *y cuando llegaron a Misia, intentaron ir a Bitinia,* **pero el Espíritu no se lo permitió** *[...] Y se le mostró a Pablo una visión de noche; un varón macedonio estaba en pie, rogándole y diciéndole: Pasa a Macedonia y ayúdanos.*
> Hechos 16:6-7 y 9, (énfasis añadido).

Sabemos que la Palabra de Dios es inspirada por el Espíritu Santo, por lo tanto, es imposible que contradiga las palabras de Jesús. Si cotejáramos estos pasajes descuidadamente, diríamos que entre las palabras de Jesús y el pasaje del libro de los Hechos antes mencionado, hay una contradicción. Sabiendo que tal discrepancia es imposible, es necesario, entonces, conocer cuál es la verdadera intención del Espíritu Santo para hacer que quede registrado por escrito tanto la prohibición como el impedimento mencionado en el texto bíblico. Para ello, es indispensable la revelación del Espíritu, a fin de recibir entendimiento espiritual de la mente, el propósito y la voluntad de Dios.

> *... porque el Espíritu todo lo escudriña, aún lo profundo de Dios [...] Así tampoco nadie conoció las cosas de Dios, sino el Espíritu de Dios.*
> 1ª Corintios 2:10b y 11b

Dios había diseñado un plan y estaba trazando un camino que era desconocido para Pablo y sus compañeros hasta tanto el Espíritu Santo se los revelara con claridad. Cuando leemos que el Espíritu les prohibió a estos hombres predicar la Palabra en Asia y que no les permitió entrar a Bitinia, no encontramos nada que nos haga suponer que ellos hayan estado dudosos, inquietos o confusos. Simplemente, siguieron esperando en Dios hasta el momento en que Él marcara el tiempo, el lugar y su propósito perfecto. Más tarde, Pablo recibió una visión de un varón macedonio, que fue la señal precisa de Dios para que ellos anunciaran el evangelio primeramente en esa ciudad.

¡Qué gran lección es para nosotros que la Biblia registre *la quieta espera* de estos hombres en Dios! Siempre digo, con todo respeto, que el Señor tiene un gran sentido del humor. Él sabe que una de las cosas que más nos cuesta es depender de su voz y confiar plenamente en lo que Él hace *mientras esperamos*, aun cuando en ese momento esa espera nos parezca un misterio, un poco larga y... por qué no decirlo, hasta un poquito innecesaria.

En muchas ocasiones viviremos etapas en las cuales no entenderemos qué es lo que Dios está haciendo. Si siempre entendiéramos o si Dios tuviera que explicarnos anticipadamente y con lujo de detalles todo lo que nos ordena, entonces estaríamos jugando a ser Dios.

El plan perfecto

Todo cristiano sabe que la voluntad de Dios es perfecta y, por lo tanto, no solo es lo mejor, sino lo perfecto para su vida, su familia, el ministerio y la Iglesia. Pero aun conociendo esta verdad, infinidad de veces seguimos adelante con nuestros propios planes y proyectos, tanto en lo personal, como también en lo familiar y ministerial. Esta forma de actuar se ha convertido en habitual y aceptable porque nos resulta inconcebible que haya *que quedarse quietos y esperar* hasta tener "luz verde" de parte del Señor.

Contrario a este pensamiento y actitud generalizada, lo sucedido a Pablo y sus compañeros sirve de ejemplo para nosotros. Cuando ellos recibieron la prohibición del Espíritu de predicar en Asia, aunque pudieron no entender esa orden, estaban plenamente convencidos de que Dios les estaba guiando, por lo cual no tuvieron ningún conflicto al *tener que esperar*. Más adelante, al ver la trayectoria de estos hombres encontramos que el Espíritu Santo los hizo entrar en Éfeso, ciudad capital de la provincia romana de Asia (ver Hechos 18:19). La diferencia fundamental estriba en que lo hicieron *en la forma y el tiempo que Dios quiso*. Ellos sabían que el Señor los estaba deteniendo de predicar el evangelio, pero solo por un tiempo, a fin de revelarles *su plan, su agenda y su itinerario*. Eran conscientes de una gran verdad: *no hay nada más torpe que intentar hacer aquello que en ese momento Dios no quiere hacer*. En la jerga popular decimos: *es muy tonto tropezar dos veces con la misma piedra*. Sin embargo, debemos decir, con toda honestidad, que hemos tropezado mucho más de dos veces con la misma piedra con respecto a la *perfecta voluntad de Dios*.

Al disfrutar de la lectura del libro de los Hechos quedamos impactados por ver a una Iglesia totalmente entregada a la guía, la voz y la voluntad del Espíritu Santo. No se movían por emociones, ni por planes preestablecidos, ni por decisiones arbitrarias de los hombres. Escuchaban la voz del Espíritu Santo, obedecían, y Dios se encargaba de añadir a la Iglesia los que iban siendo salvos.

Necesito el original

Si nos presentamos en cualquier oficina pública a realizar un trámite de documentación y solo llevamos con nosotros fotocopias de los originales, nos dirán: "Disculpe, necesito el original; sus copias, sin la presentación del original, carecen de valor". Aquí se cumple el dicho popular que expresa: *Parecido no es igual*.

Seguidamente, veremos un incidente en la vida de Moisés y el pueblo de Israel, que tiene relación con lo que estamos expresando. Se trata del episodio donde se mencionan las tablas de la ley. La mayoría de nosotros sabemos que Dios tuvo que hacer una copia del original, pero… ¿era igual?

> **Y las tablas eran obra de Dios,** y la escritura **era escritura de Dios** grabada sobre las tablas.
>
> Éxodo 32:16, (énfasis añadido).

Este versículo bíblico hace referencia a las primeras tablas de la ley que Moisés recibió en el monte, las cuales, tenían características especiales: *tanto las tablas, como la escritura, eran obra de Dios*. Mientras Moisés estaba recibiendo las tablas, el pueblo se había desenfrenado y estaba pecando contra el Señor. Moisés bajó del monte, llegó al campamento, vio el becerro de oro y las danzas, y fue entonces que: *"... ardió la ira de Moisés, y arrojó las tablas de sus manos, y las quebró al pie del monte"* (Éxodo 32:19).

> ... *porque la ira del hombre no obra la justicia de Dios.*
>
> Santiago 1:20

Esta es una verdad para nosotros, para Moisés y hasta para Matusalén y sus casi mil años de vida. Cuando nos airamos, anulamos el obrar de Dios, porque todo lo que ocurre en ese momento es producto de la *reacción humana*. En la *acción,* nos guía Dios; en la reacción, nos guían nuestros impulsos. Cuántas veces al intentar establecer disciplina lo hacemos guiados por nuestros impulsos, lo que da como resultado que no solo disciplinamos el pecado y la maldad, sino que también echamos por la borda lo que Dios nos ha entregado.

Si pensamos en la actitud de Moisés, podemos decir con seguridad que era completamente lógico que se enojara, y también era lógico que se castigara al pueblo, pero... ¿qué tenían que ver las tablas de la ley con el pueblo y su pecado? Absolutamente nada. Ni las tablas ni la escritura habían sido hechas por el pueblo o por Moisés, *¡ambas eran de Dios!*

Debido a este incidente, fue necesario que el Señor realizara copias de las primeras tablas de la ley. Hay un detalle muy importante en cuanto a estas segundas tablas, que no podemos pasar por alto, porque es de gran trascendencia espiritual.

Moisés Picapiedra

El Señor le dijo a Moisés: «**Labra dos tablas de piedra** *semejantes a las primeras que rompiste. Voy a escribir en ellas lo mismo que estaba escrito en las primeras.*

Éxodo 34:1, NVI, (énfasis añadido).

Como consecuencia de que Moisés rompió las primeras tablas de la ley, tuvo que dedicarse un tiempo a trabajar de *picapedrero*, por lo que se dio a la tarea de labrar y alisar las nuevas tablas en las que Dios iba a escribir. En la primera ocasión, tanto las tablas como la escritura habían procedido directamente *de la mano de Dios*; las segundas tablas *eran hechura del hombre*, solamente la escritura *era del dedo de Dios*.

Este episodio nos da la pauta con la cual se caracteriza la generación de Moisés: *la mezcla*. ¿Cómo llegamos a esta conclusión? Cuando todo proviene de la mano de Dios, como en el caso de las primeras tablas, se lleva adelante la perfecta voluntad de Dios. Cuando una parte es dada por la mano de Dios y otra parte proviene de la mano del hombre, la voluntad perfecta de Dios pasa por varios filtros, como: entendimiento personal, formas de ser, opiniones preconcebidas, planes preestablecidos, tradiciones, formalismo, proyectos propios y cosas semejantes a estas.

Cuando todo es de Dios, estamos en su perfecta voluntad. En cambio, cuando parte es de Dios y parte es del hombre, estamos fuera de la voluntad de Dios. *La generación de Moisés se caracterizó por hacer algunas cosas a la manera de Dios, y otras a la manera del hombre.* Esta mezcla ha sido también una característica de la Iglesia que le ha impedido llegar a conquistar todo lo que Dios tiene preparado para ella. Cuando los seres humanos comenzamos a dirigir y a hacer las cosas, como diría la famosa canción, "A mi manera", le usurpamos el lugar al Espíritu Santo y nos transformamos en pequeños dioses, llevando a cabo la voluntad propia en la Iglesia que pertenece a Cristo.

La generación que conquista la tierra está volviendo a la sencillez de la Palabra, a la profunda e inequívoca guía del Espíritu Santo.

La generación que conquista la tierra camina escuchando la voz de Dios. La generación que conquista la tierra se mueve en la revelación de los planes y propósitos de Dios.

La generación que conquista la tierra no va tras planes, proyectos o ambiciones personales de ningún hombre.

La generación que conquista la tierra es la que ha visto el fracaso de los planes sin Dios y vive desechando toda mezcla.

La generación que conquista la tierra solo quiere lo que Dios quiere.

La generación que conquista la tierra vive despojándose de las tradiciones, la hipocresía y el fariseísmo que por muchos años han opacado la luz brillante del glorioso evangelio.

La generación que conquista la tierra sabe que es su tiempo de brillar como enseñó Jesús al decir que: "una ciudad asentada sobre un monte no se puede esconder".

La Iglesia de Cristo de esta generación sabe que es cabeza y no cola; Dios ha delegado en ella la misión de ser la generación que conquista la tierra.

Capítulo 12

Culto tour

Y el Señor endureció el corazón de Faraón, rey de Egipto, y lo hizo perseguir a los hijos de Israel; pero éstos habían salido con mano poderosa.
Éxodo 14:8, RVC

Todo aquello que el pueblo de Israel experimentó, desde su liberación de Egipto, siguiendo por el recorrido en el desierto, hasta su entrada a la tierra prometida, sirve de figura profética. Utilizaré varios aspectos de la experiencia que Israel vivenció en el plano natural, para realizar una analogía con la experiencia de nuestras vidas en el plano espiritual, lo cual nos ayudará a comprender varios principios.

Así como los israelitas tuvieron que ser librados del dominio de faraón y de la esclavitud en Egipto, nosotros, por la fe en Cristo Jesús, hemos sido librados del dominio del diablo, quien como "faraón espiritual", gobierna a este "Egipto actual", que es el mundo, esclavizándolo bajo su servidumbre letal.

Recordemos que cuando los hijos de Israel escaparon de la mano del Faraón, y estuvieron a punto de alcanzar la libertad de sus enemigos, este los persiguió, aunque ya sabía que estaba vencido. De igual manera, cuando nosotros nos entregamos a Cristo, al mismo tiempo que nos gozamos en la nueva vida y en la libertad obtenida, este viejo y vencido "faraón espiritual" se dedica ferozmente a no perder su presa. Claro está que el diablo sabe muy bien que ya ha sido vencido por Cristo, pero aún así no ceja en su intento. Su intención es amedrentarnos para hacernos creer que no podremos escapar de él y que siempre seremos sus esclavos. Cuando esto ocurre, el que ha nacido de nuevo en Cristo Jesús está ante un momento clave. Retroceder es su perdición. Pero en el instante en que decide avanzar confiando en su Señor, se disipan las cortinas de humo que el diablo fabricó y se da cuenta que está completamente cubierto y protegido en las manos del Señor Todopoderoso que lo escondió en Cristo Jesús (ver Colosenses 3:3).

En la vida hay muchas decisiones que tomar y variadas circunstancias que enfrentar, algunas son de poca trascendencia, pero otras significan arriesgarlo todo. Precisamente, hubo un momento en que los israelitas se encontraron en la necesidad de arriesgarlo todo. El enemigo estaba detrás de ellos y el mar por delante. A la vista de los ojos humanos estaban encerrados, pero ellos no habían salido a esa travesía por voluntad propia o confiando en sí mismos. Dios mismo les había ordenado salir y además acampar en el lugar donde el enemigo creería que estarían atrapados. *Así es Dios cuando va a actuar por nosotros, no nos lleva a situaciones difíciles, nos conduce a situaciones imposibles. Esto hará que nuestra confianza esté en Él y solo en Él.*

> *... y todos en Moisés fueron bautizados en la nube y en el mar...*
>
> 1ª Corintios 10:2

La generación que dirigió Moisés recibió un bautismo singular: *las aguas del Mar Rojo*. Los israelitas desconocían que para el Señor el cruce de ese mar era la *primera acción profética* de ellos, *declarando la muerte definitiva a todo lo viejo*, producto de los años de sufrimiento de esclavitud en Egipto. A partir de ese momento, los israelitas daban el primer paso hacia lo nuevo, apartándose por completo del modelo, estilo y apego a la forma de pensar y actuar de Egipto. Era entrar a una nueva condición en la que pudieran experimentar una profunda unidad de espíritu con el Dios en quien habían confiado.

Prosiguiendo con nuestra analogía, para la experiencia espiritual del cristiano el Mar Rojo se ve representado en las aguas del bautismo. El creyente sabe que ya posee la vida de Dios desde el día en que Jesucristo le limpió con su preciosa sangre, y nació del Espíritu Santo. No obstante, al pasar por esas aguas, no solo está cumpliendo un mandato del Señor, sino que está realizando una *primera acción profética* trascendente. Al sumergirse en las aguas del bautismo participa de la muerte de Cristo Jesús, declarando así, que *ha muerto al dominio que su vieja y pecaminosa naturaleza ejercía sobre él*, y al salir de las aguas se declara poseedor de una vida nueva, la vida resucitada y ascendida de su Señor.

Contra la corriente

La actitud más peligrosa del corazón del cristiano es acomodarse y conformarse con el nivel espiritual que hoy posee. Cuando toma esa postura, llega el tiempo en que la marea del espíritu de este mundo lo vuelve a introducir en sus sucias aguas. Poco a poco comienza a hacer concesiones; estas lo llevan a la indulgencia, y a la postre, termina enfriándose y apagándose.

La vida cristiana victoriosa y ardiente es como la vida del salmón. Este pez tan particular tiene el hábito de nadar contra la corriente y subir empinadas cuestas, aunque eso signifique para él un extraordinario esfuerzo que le produce un notable desgaste físico. En verdad, podría ahorrarse mucha energía y trabajo actuando como las demás especies que conviven junto a él en el río. Si pudiéramos comunicarnos con uno de ellos y le preguntáramos: ¿Por qué no nadas como los demás peces? Nos respondería: "Mi amigo, si así lo hiciera, entonces no sería un salmón; nadar contra la corriente es mi naturaleza".

Los que hemos nacido de nuevo por el Espíritu, hemos recibido la naturaleza de Dios para nadar contra la corriente que impulsa al espíritu de este mundo. Somos como el salmón, no podemos acomodarnos y dejarnos llevar por la corriente. Tenemos otro objetivo, otro propósito de vida y gran cantidad de personas alrededor que son nuestra tierra por conquistar.

Me resta decirte que, a estas instancias, tanto Israel como el cristiano han hecho solamente el primer cruce: *el Mar Rojo*. Para poder poseer la tierra que Dios nos ha entregado es necesario permanecer firmes y decididos hasta llegar al segundo cruce: *el Jordán*.

El río Jordán, de acuerdo con el texto bíblico, es sumamente importante. Del mismo modo, en la vida cristiana hay importantes *jordanes espirituales*, y es cuando decidimos cruzarlos, que nos transformamos en cristianos maduros, dispuestos a arriesgarlo todo por lo que Dios exige.

Tirar la toalla

No podemos olvidar que entre el cruce del Mar Rojo y el río Jordán, continuaba el desierto. Cuando el Señor condujo a Israel por el desierto, su deseo fue que ese trajinar fuera por *un corto tiempo*. Sabemos bien que ese tiempo se alargó, no por voluntad de Dios, sino por la desobediencia de Israel. A causa de la continua murmuración, incredulidad y desobediencia, Dios dijo: *"Ustedes estuvieron cuarenta días explorando el país; pues también estarán cuarenta años pagando su castigo: un año por cada día. Así sabrán lo que es ponerse en contra de mí"* (Números 14:34, DHH).

El tiempo que Israel transitaría por el desierto sería la última etapa del camino hacia su liberación y el final del trayecto para llegar a la tierra en donde fluía la leche y la miel. Israel nunca aceptó con agrado en su corazón ese tiempo de desierto. Aunque en todo tiempo disfrutaron de la guía, el cuidado y la protección de Dios, aún así, el desierto no dejaba de ser un lugar inhóspito. Ellos sabían que debían andar por el desierto, pero que *aceptaran* ese período y lo *aprovecharan* para corregir sus malas actitudes ante Dios, era algo muy diferente. El corazón del pueblo no cambió, ni se doblegó. La murmuración y la desobediencia continuaron aun después de que el Señor extendiera el período en el desierto por causa de su rebelión.

La vida y la actitud de Israel son muy parecidas a las de la Iglesia. También quienes formamos parte de ella debemos enfrentar en forma personal y colectiva períodos de desierto. Nuestra respuesta a Dios en ese tiempo es de suma importancia.

Durante muchos años y en repetidas ocasiones he observado un denominador común en los creyentes en Cristo. Al principio, y estando bajo el dominio del diablo soportan duras experiencias y devastadoras luchas, antes de su entrada al Reino de los cielos. Pero una vez que llegan al Señor, es como si todo debiera resolverse con "un chasquido de dedos". En su interior se niegan a aceptar que algunas luchas, lejos de terminar, deben continuar. Cuando comienzan a disfrutar de los primeros pasos de su vida en Cristo, no logran entender que por lo general se atraviesa un período de prueba en su propio desierto. La actitud de la mayoría de los creyentes en ese período en particular me hace recordar las peleas de boxeo. Cuando uno de los contrincantes es muy golpeado por su rival, el entrenador de dicho luchador tira la toalla, dando así la señal para que la pelea concluya. De ese modo le entrega la victoria a su contrincante. El luchador vencido es un ejemplo de aquellos hermanos que asisten a todos los cultos, a todas las actividades y a todos los seminarios, pero que al preguntarles cómo se encuentran, aunque su respuesta es correcta y hasta bíblica, en verdad no están disfrutando de la victoria de Cristo.

En esas noches en las que converso con mi esposa respecto a temas semejantes a este, siempre le digo: "Antes estábamos sin Cristo, sin guía, vapuleados por el diablo y sin ninguna posibilidad de salida. Sin embargo, luchábamos como leones y a brazo partido. Ahora estamos en la roca, en medio del amor de nuestros hermanos, con el poder y la virtud del Espíritu Santo en nosotros, pero lloriqueamos y nos quejamos por todos los rincones". Pareciera ser que "tirar la toalla" y regalarle nuestra victoria al enemigo fuera nuestra única opción.

Por esta actitud tan general y común en la Iglesia de Cristo es que los desiertos que debiéramos atravesar por *un tiempo* se transforman *en casi permanentes*. Este estancamiento no nos permite entrar a la tierra que el Señor quiere que conquistemos. Cuando nuestro período de desierto está marcado por el descontento, la queja, la murmuración o la falta de fe, hemos tirado la toalla y le estamos obsequiando al diablo la victoria que nuestro Señor ha conquistado por y para nosotros, envuelta en papel de regalo. Cuando la actitud del corazón es incorrecta, todas las "loables" actividades cristianas, como ir a cultos y seminarios, se transforman en *turismo familiar o culto tour*, ya que el Espíritu Santo está imposibilitado de realizar profundos cambios en nuestra vida.

Vamos al río

Al fin, habiendo pasado el desierto, estamos a orillas del río Jordán. Este río es trascendental.

Israel, siendo conducido por Josué, tuvo que cruzar el Jordán para poseer la tierra que Dios le había entregado. El profeta Eliseo tuvo que seguir muy de cerca al profeta Elías para recibir la *doble porción* tan anhelada, pero esta no se le dio hasta que cruzó el Jordán junto a Elías. En otra ocasión, un hombre ermitaño que vivía en el desierto preparó el camino del Señor predicando a las gentes que se arrepintieran. Este hombre era el profeta Juan el Bautista. Él realizó la mayor parte de su labor en el río Jordán; allí bautizaba en agua a los que se arrepentían, para perdón de pecados. Por último, mencionaremos a nuestro Señor y Rey, Jesucristo. Siendo ya un joven adulto, se introduce en las aguas del río para ser bautizado por el profeta Juan. En ese momento, el Espíritu Santo desciende sobre él en forma corporal, como paloma. Luego de esto, es enviado por el Espíritu al desierto y allí es tentado por el diablo durante cuarenta días. Después, y *sin tirar la toalla*, vuelve de la prueba *más que victorioso*.

> *Y Jesús volvió en el poder del Espíritu a Galilea, y se difundió su fama por toda la tierra de alrededor.*
>
> Lucas 4:14, (énfasis añadido).

Aquellos que somos parte de esta generación tenemos la bendición de ver con nuestros ojos el mover y el fluir del Espíritu Santo. Todos, sin excepción, deseamos una fresca y nueva unción del Espíritu; pero al igual que Israel, Eliseo, Josué, Juan el Bautista y Jesús, esta *unción de propósito* no se nos puede entregar hasta que cada uno de nosotros esté dispuesto a cruzar *su propio Jordán*.

Cuando el Señor condujo a los israelitas ante las aguas del Jordán, fue para confrontarlos a tomar la decisión más importante de sus vidas. La firme resolución de *cruzar el Jordán* sería la única demostración valedera de que estaban dispuestos a cumplir el propósito primordial por el cual Dios los había libertado de Egipto. Cuando decidieron cruzarlo, llevaron a cabo lo que denomino la *segunda acción profética*, que los introdujo al corazón del cumplimiento del propósito divino: *la conquista de la tierra prometida*.

Trasladando *esta segunda acción profética* de Israel a la experiencia espiritual de todos aquellos que estamos en Cristo, cruzar el Jordán significa ser confrontados a tomar decisiones trascendentes por *el Señor y su propósito*. Cabe aclarar que al hablar de *propósito* me estoy refiriendo al *propósito de Dios*, un propósito sublime y eterno que tiene *nombre y apellido*. Es importante entender bien esta distinción, porque lamentablemente, en la Iglesia de Cristo suele haber mucha confusión acerca del propósito de Dios. Este desconcierto ocurre porque al *nombre propósito* se le ha quitado el *apellido: de Dios*.

Debido a un adulterado entendimiento de lo que significa caminar en el propósito de Dios, se suele creer que mientras los dones y talentos se usen para "cumplir propósito", todo está bien. Quienes se dejan llevar por esta idea utilizan extrañas estratagemas para convertir sus sueños personales en sinónimo del propósito de Dios para sus vidas. Nunca se confronta a estas personas para que mediten si esos sueños y ese propósito, incluidos todos sus planes, proyectos, objetivos, metas y formas de llevarlo a cabo, provienen de sí mismos o son los que el Señor puso en ellas. Mucho menos se habla de desechar y morir a aquellos sueños que son propios y amados, para abrazar con todas sus fuerzas los que son de Cristo. Jamás se expone a las personas a la necesidad de preguntarse si en verdad están cumpliendo *el propósito que Dios preparó de antemano para ellas*. Debemos comprender claramente que el Señor nos libertó y nos ungió para cumplir *su propósito* y no los nuestros.

En la sinagoga de Nazaret Jesús leyó estas palabras: "... *Por cuanto me ha ungido **para dar**...*" (Lucas 4:18, énfasis añadido). Cuando el Espíritu Santo vino sobre nuestro Señor, fue pura y exclusivamente a fin de que el ***para dar*** estuviera enfocado en el propósito que el Padre había planeado previamente para que Jesús consumara, cumpliendo exitosamente con la misión que se le había encomendado. Jesucristo también entró en un *período de desierto* preparado por el Padre, el *desierto del Espíritu*. Allí estuvo solo ante la prueba, pero su obediencia perfecta y su actitud de confianza en Dios hicieron que ese desierto solamente durara el tiempo *que el Padre había establecido*.

Jesús regresó del desierto en el poder del Espíritu Santo. Entregó su vida por completo al propósito del Padre, a fin de *dar* el regalo de Dios al mundo entero: liberación total y propósito de vida para todo ser humano.

Aun Jesucristo, el hombre perfecto, el ungido por el Espíritu Santo y victorioso sobre la tentación, siendo el Hijo de Dios, quien caminó paso a paso haciendo exactamente todo lo que el Padre le ordenaba, tuvo que enfrentarse a su Jordán más trascendente en Getsemaní. Aunque parezca insólito, aún le faltaba algo si en verdad iba a cumplir en su totalidad el propósito de Dios para su vida. En ese momento, la determinación de Jesucristo en consumar el propósito divino se refleja en estas palabras: *"Padre, si quieres, pasa de mí esta copa; pero* **no se haga mi voluntad, sino la tuya"** (Lucas 22:42, énfasis añadido).

Cuando Jesús atravesó por la experiencia en Getsemaní, ya habían transcurrido más de tres años en los que el Señor fue completamente fiel y obediente al Padre, pero eso no alcanzaba. Para llegar a convertirse en el Mesías anunciado por los profetas antiguos, debía estar dispuesto a morir a su propia voluntad humana, con todos sus deseos y anhelos, para hacer suya la voluntad del Padre, y así, estar preparado para cumplir acabadamente el propósito de Dios.

Estoy convencido de que la abrumadora certificación divina condensada en la Palabra nos impide atrevernos a rebajar el propósito de Dios al nivel de un propósito *sin apellido*, que tiene como fundamento la realización personal. Esta clase de propósito solo busca la concreción de nuestros sueños, deseos, metas y anhelos, a los que se cubre con un manto de piedad, diciendo que "son para la gloria del Señor".

Cuando pedimos a Dios ser ungidos por el Espíritu Santo, y el Señor en su misericordia lo hace, somos confrontados con *nuestros jordanes*. Digo *nuestros* porque el Señor los diseñó a la medida de cada uno en particular. Digo *jordanes* porque no cruzaremos un solo Jordán en toda nuestra vida, sino que serán muchos. Recordemos que aceptar la demanda de cruzar el Jordán que el Señor pone ante nosotros hoy, no nos asegura que el día de mañana estaremos dispuestos a obedecer a una demanda de mayor envergadura para cruzar nuestro siguiente Jordán.

Somos la Iglesia de Cristo, su glorioso cuerpo, y no podemos permitirnos vagar en nuestro propio desierto. Debemos avanzar hasta la orilla del Jordán que Dios ha establecido, y así, decididos a cruzarlo, *conquistar la tierra que Dios nos ha entregado*.

Por el bautismo realizamos la primera acción profética, por la cual, hemos muerto al dominio que el gobierno del espíritu del mundo ejercía sobre nosotros, para vivir por la vida de Dios, bajo el gobierno del Espíritu de Cristo. Al cruzar nuestro Jordán, símbolo de la segunda acción profética, entramos a vivir para el único propósito que tiene *nombre y apellido: el propósito de Dios*.

La generación que conquista la tierra es la que se despoja de la queja, la incredulidad y la desobediencia.

La generación que conquista la tierra sale de su desierto aprobada y en el poder del Espíritu Santo.

La generación que conquista la tierra se enfrenta osadamente a su Jordán en lo personal, familiar y como cuerpo de Cristo.

La generación que conquista la tierra cruza su Jordán sin mirar el costo o las consecuencias.

La generación que conquista la tierra es la que ha entendido por qué y para qué ha recibido la unción del Espíritu Santo.

La generación que conquista la tierra nada contra la corriente, no tira la toalla y se afirma en la posición de conquistador.

La generación que conquista la tierra desecha su propósito personal para entrar al propósito que tiene nombre y apellido: el propósito de Dios.

La Iglesia de Cristo de esta generación sabe que es cabeza y no cola; Dios ha delegado en ella la misión de ser la generación que conquista la tierra.

Capítulo 13

¡Meee...!

*Y haré de ti una nación grande, y **te bendeciré**,
y engrandeceré tu nombre, y **serás bendición**.*
Génesis 12:2, (énfasis añadido).

*Pero el generoso piensa en ser generoso,
y por su generosidad será exaltado.*
Isaías 32:8, RVC

*El alma generosa será prosperada; y el que saciare,
él también será saciado.*
Proverbios 11:25

Un famoso relato bíblico narra una alegoría en la que Jesús se presenta a sí mismo como *el buen pastor* y a nosotros como *sus ovejas* (ver Juan 10:11). Pareciera ser que en esta ilustración hemos encontrado "una licencia" para ocupar la mayor parte de nuestra vida balando como una oveja. Hago esta afirmación porque, al observar la manera en la que habitualmente oramos al Señor, se hace evidente que nos hemos convertido en expertos imitadores del balido de las ovejas: *meee*. Nuestras oraciones y peticiones a Dios suenan algo así: bendíce*meee*..., prospéra*meee*..., ayúda*meee*..., guía*meee*..., tóca*meee*..., úsa*meee*..., renuéva*meee*..., únge*meee*..., sána*meee*..., libéra*meee*... Al orar, nos enfocamos principalmente en nuestra persona, familia o círculo íntimo.

Es muy cierto que cada día necesitamos más de la guía y la dirección del Señor, pero no para estancarnos en nosotros mismos y olvidarnos del ineludible propósito por el cual fuimos colocados en este mundo. Me refiero al supremo llamamiento que el Señor nos hizo, el cual es amplio y abarca a todas las naciones.

La bendición que hemos recibido en Cristo Jesús y debemos extender a "... *todas las familias de la tierra...*", *es la bendición de Abraham* (ver Hechos 3:25b). De manera que "... *en Cristo Jesús* **la bendición de Abraham** *alcanzase a los gentiles...*" (Gálatas 3:14a, énfasis añadido). Esta bendición de Abraham que ha sido depositada en nosotros, los creyentes, por medio de Cristo Jesús, es inconfundible porque tiene la particularidad de ser triple: espiritual, física y material.

Ciclo de bendición

¿Cuál es la primera imagen que viene a tu mente cuando oyes la palabra bendición? El primer cuadro mental que nuestras neuronas, bien adoctrinadas por la cultura circundante, suelen pintar, es una imagen repleta de abundantes bienes materiales. Justamente por causa de esta idea generalizada sobre el significado de la bendición, es que a esta palabra se la ha despojado de la esencia fundamental de su grandeza y trascendencia.

La primera acción que Dios el Creador realizó hacia su máxima creación fue otorgarle su bendición. Esa bendición fue condensada y concedida al ser humano a través de la siguiente declaración: "... *y los bendijo con estas palabras:* «*Sean fructíferos y multiplíquense; llenen la tierra y sométanla; dominen a los peces del mar y a las aves del cielo, y a todos los reptiles que se arrastran por el suelo*»" (Génesis 1:28, NVI, énfasis añadido).

Si en verdad deseamos estar de acuerdo con Dios, para interpretar y usar la bendición en la dimensión correcta, es imprescindible que la comprendamos debidamente. *La bendición de Dios es una palabra que Él declaró sobre el ser humano, a través de la cual le infundió la autoridad, el poder y la habilidad de cumplir con el propósito encomendado.* Cuando Dios le confirió al hombre su bendición, lo hizo para facultarlo a trabajar en el cumplimiento del propósito más que trabajar por obtener bienes materiales. *La bendición de Dios no son las cosas que logramos obtener, sino la capacidad de Dios en nosotros para cumplir su propósito.*

La bendición con la que Dios equipó al ser humano es de una magnitud tan inconmensurable y extraordinaria que no podemos circunscribirla a la obtención y disfrute de bienes materiales, porque sería rebajar el poderío de su esencia. Los *bienes y beneficios* que disfrutamos a diario, aunque forman parte del *"paquete" de la bendición de Dios*, son solo la añadidura. Cuando hablamos del sustento, el abrigo, la salud, la prosperidad y toda clase de bienes que podamos imaginar, nos referimos a *las añadiduras*, que son *los beneficios* que el Señor en su amor nos da en abundancia. En cambio, la bendición de Dios es la habilidad que Él nos confirió para cumplir su propósito en la Tierra. Teniendo la perspectiva adecuada, podemos entonces ubicar a las cosas materiales y a toda clase de bien en el lugar correcto.

"... *¿cómo no nos dará también con él* (Jesucristo) *todas las cosas?*" (Romanos 8:32b, texto y énfasis añadidos). Esta magnífica declaración divina nos libra de cometer el error de confundir a *todas las cosas*, que son las añadiduras de la bendición de Dios, con *la bendición de Dios en sí misma, que es Jesucristo*. Ahora se ha abierto ante nosotros un nuevo panorama que nos permitirá avanzar para comprender cómo opera el *ciclo de bendición*.

Para vislumbrar la extraordinaria grandeza de la bendición que poseemos en Cristo, meditemos por un momento en dos frases centrales que forman parte de la declaración de Dios a Abram, cuando le dijo: "... *y te bendeciré* [...] *y serás bendición*" (Génesis 12:2, énfasis añadido). La Escritura enseña que el Padre Dios, "... *nos bendijo con toda bendición espiritual en los lugares celestiales en Cristo*" (Efesios 1:3). *Al estar en Cristo, vivimos en estado de bendición permanente*. Por tal razón, es indispensable observar la declaración del Señor a Abram a la luz de esta poderosa afirmación registrada en la carta a los Efesios.

Es muy común cometer el error de pensar que la frase: *y te bendeciré*, se aplica a nosotros de igual manera que a Abram. Sin embargo, no es así. Mientras Abram debía esperar recibir la bendición del Señor día a día, nosotros no tenemos nada que esperar, porque *Cristo es nuestra bendición presente y continua*. Siendo así, es una contradicción estar a la espera de recibir bendición. El Padre nos entregó toda bendición en Cristo y nos dejó en el mundo para que vivamos enfocados en ejecutar la segunda parte de la declaración divina: *"... y serás bendición"*. Cuando sabemos que estamos bendecidos y nos dedicamos a dar esa bendición, instantáneamente se produce un ciclo de bendición que no puede ser quebrantado por ser ley de Dios. Cuando comprendemos esta verdad, *vivimos para dar la bendición recibida y se liberan a favor nuestro, de manera aumentada, toda clase de beneficios divinos.*

El espíritu de la oración *meee* es un experto engañador porque nos conduce a pedirle a Dios su bendición, cuando ya la poseemos. Es un espíritu profundamente anticristiano, y aunque esta expresión suene muy fuerte a nuestros oídos, es una gran verdad. Es anticristiano porque contradice al Señor y a su Palabra, haciéndonos ver y sentir como creyentes mendigos, necesitados de la bendición de Dios, cuando la Palabra afirma que nosotros somos los instrumentos portadores de la bendición del Señor en este mundo. No nos dejemos engañar esperando recibir la bendición; *somos los poseedores de la bendición de Dios porque Jesucristo habita en nosotros.*

Tanto usted como yo sabemos de figuras públicas que son mundialmente conocidas como los grandes magnates de la sociedad, con fortunas casi incalculables. A la mayoría de ellos se los considera como personas privilegiadas que disfrutan hasta el hartazgo de un sinnúmero de bienes y beneficios. Ante tan opulento escenario, en donde actúan las más grandes fortunas de la tierra, cabe la pregunta, ¿podemos considerar a estos "afortunados" como portadores de la bendición de Dios? Para responder correctamente, es necesario recordar que la bendición de Dios *no son cosas*, sino aquello que facultaba a Adán para representar a Dios en la Tierra y gobernarla en su nombre. Cuando Adán pecó contra el Señor, fue echado del huerto del Edén, la tierra quedó bajo maldición, y la maldad aumentó hasta salirse de control. Todo esto ocurrió precisamente porque *Adán había perdido la bendición de Dios*, que era lo único que lo capacitaba para gobernar y sojuzgar la tierra.

Todo lo que Adán perdió fue recuperado para nosotros por el postrer Adán, Jesucristo. Siendo así, la bendición de Dios está contenida solo en Jesucristo y nadie puede ser poseedor de elila sin estar y permanecer en Él. Los que estamos en Cristo Jesús *somos los únicos portadores de la bendición de Dios*, que nos capacita para ser sus representantes en la Tierra y cumplir su propósito. Todos aquellos que están sin Cristo no participan de esta bendición y, por lo tanto, aunque puedan disfrutar de un sinfín de beneficios materiales, no han recibido la habilitación para realizar el propósito divino. Siendo así, la respuesta a la pregunta es sencilla y categórica: esos "afortunados" magnates, al no estar en Cristo, no tienen ninguna bendición que portar. No debemos cometer la gran torpeza de confundir los beneficios y bienes temporales con la eterna bendición de Dios.

En las manos de Dios

Den, y se les dará una medida buena, incluso apretada, remecida y desbordante. Porque **con la misma medida con que ustedes midan, serán medidos.**

Lucas 6:38, RVC, (énfasis añadido).

Esta declaración establece que, al dar, no solo segaremos muchos beneficios, sino que lo haremos de manera multiplicada. Si quitamos la mirada del beneficio que estamos necesitando y nos dedicamos a dar la bendición que poseemos, instantáneamente, Dios derramará una porción abundante y aumentada de sus beneficios que suplirá con creces toda necesidad que pudiéramos tener. De este modo se cumple el ciclo de bendición.

> *Y **el que da** semilla al que siembra, y pan al que come, proveerá y multiplicará...*
> 2ª Corintios 9:10a, (énfasis añadido).

Mi esposa y yo tenemos el privilegio de ministrar en diferentes lugares y de vivir enriquecedoras experiencias. En más de una ocasión se acercan a dialogar con nosotros personas que han estado esperando recibir alguna clase de bien que necesitan. Han orado, ayunado y buscado el rostro del Señor, pero ese bien no ha llegado. Al introducirnos en este tipo de conversaciones, buscando respuestas a lo que no entendemos, por lo general observamos dos caras de la misma moneda.

En la primera cara de la moneda vemos que la persona que busca el beneficio anhelado está tan absorta por ello, que todo su tiempo y esfuerzos se sumergen en esa situación. De esa manera y aun inconscientemente, ha roto el *ciclo de bendición*.

Recordemos cómo funciona este ciclo. Por estar en Cristo Jesús, vivo en *estado de bendición permanente* y tengo su promesa de que toda necesidad se me suplirá. Por lo tanto, al orar, ayunar y buscar el rostro del Señor, lo hago confiadamente, sabiendo que *mi Dios suplirá*. A causa de esta actitud de fe, se disipa toda preocupación y la necesidad presente no ocupa el centro de mi atención. El paso siguiente es que todo mi tiempo y esfuerzos estén dirigidos *a dar* la bendición que he recibido de Cristo. En ese instante, sin pensarlo, quito el estorbo al correcto funcionamiento del *ciclo de bendición*, y libero a mi favor la repentina llegada de lo anhelado.

> *Por nada estén afanosos; antes bien, en todo, mediante oración y súplica con acción de gracias, sean dadas a conocer sus peticiones delante de Dios. Y la paz de Dios, que sobrepasa todo entendimiento, guardará sus corazones y sus mentes en Cristo Jesús.*
>
> Filipenses 4:6-7, NBLH

En la segunda cara de la moneda encontramos a la persona que nos habla de sus situaciones, las cuales se parecen mucho a la misericordia de Dios porque "van desde la eternidad y hasta la eternidad" (ver Salmo 103:17). A sus necesidades no parece llegarles jamás la provisión y a sus inconvenientes, jamás la solución. En definitiva, esa persona no ha aprendido a dejar las cosas *en las manos de Dios*. Infinidad de veces hemos escuchado mensajes referidos a no afanarnos, a no preocuparnos y a dejar las cosas en las manos de Dios, pero... ¿lo hacemos? Confesar que creemos y creer, son dos cosas muy distintas. El resultado de una y de otra muestra la diferencia.

El mundo, intentando sustituir la verdadera fe, nos habla de pensamiento positivo. Pensar y hablar positivamente, según ellos dicen, es la solución. Como bien sabemos, toda verdad a medias es una gran mentira. Cuando la confesión de fe no proviene como resultado de aquella fe que ha sido puesta en el corazón por *el autor de la fe, Jesucristo,* entonces nos estamos engañando a nosotros mismos. Pertenecer a Cristo y declarar que creemos, pero sin poseer la convicción interna que da la fe, es vivir por una fe intelectual. Esta clase de fe sabe lo que Dios ha dicho que debe creer, pero no sabe creer.

Es sencillo identificar las características de esta fe intelectual: el afán, la preocupación y la inquietud persisten. El corazón y los pensamientos continúan turbados. ¿Por qué? Porque confundimos el orar a Dios, con entregárselo a Dios. Precisamente esta es la gran diferencia.

Cuando *la fe del Hijo de Dios está activa* en nuestro corazón y confesamos con la boca esa creencia, podemos descansar como un niño en los brazos de su madre; no se afana ni se turba, no se preocupa ni se inquieta, porque absolutamente nada depende de él. En nosotros ocurre del mismo modo. Cuando actuamos por la fe de Cristo que nos habita, podemos entregarle todos los asuntos a Dios y descansar en Él porque nada está en nuestras manos y, por lo tanto, ya no depende de nosotros.

El ejercicio de la verdadera fe *es sobrenatural.* Siendo así, resulta imprescindible que le permitamos a Cristo, el Hijo de Dios, *desarrollar su fe en nosotros y a través de nosotros,* hasta que la declaración *"... y lo que ahora vivo en la carne, lo vivo en* **la fe del Hijo de Dios***..."* (Gálatas 2:20b, énfasis añadido) se convierta en nuestra experiencia cotidiana.

Genéticamente generosos

El principio del ciclo de bendición es certificado en la siguiente orden del Señor a Israel: *"Regocíjate, oh estéril, la que no daba a luz; levanta canción y da voces de júbilo, la que nunca estuvo de parto; porque más son los hijos de la desamparada que los de la casada..."* (Isaías 54:1).

¿En qué condición se encontraba Israel al recibir la orden de Dios de *regocijarse, levantar canción y dar voces de júbilo?* En condición de *estéril.* Para la mente humana es ilógico regocijarse cuando no hay fruto. El pueblo de Israel no estaba fructificando debido a su actitud de alejamiento de Dios. A pesar de todo esto, el Señor les ordena regocijarse en tiempos en que la frustración de la esterilidad asestaba su golpe más certero. ¿Piensas que es una orden ilógica o descabellada? De ninguna manera. El propósito de Dios era que su pueblo experimentara la seguridad de su amor, por el cual Él los recogería y cuidaría con grandes misericordias (ver Isaías 54:7).

Tanto para Israel como para nosotros hoy en día, es indispensable *regocijarnos en medio de la esterilidad.* Solo esa actitud pone en funcionamiento la ley espiritual del ciclo de bendición. Para ver el fruto con los ojos naturales, nuestro gozo hacia Él se debe mostrar cuando estamos en la condición de estéril, sin ningún fruto.

El gozo permanente es lo que demuestra que nuestro gozo es el Señor y no lo que recibimos de su mano. En muchas ocasiones, aunque nos declaramos bendecidos, sentimos que la bendición está lejana y nuestro regocijo no es constante porque depende de ver en nuestras manos lo anhelado. Cuando creemos y nos regocijamos en el Señor con actitud genuina de fe, surge de nuestro interior una convicción profunda que nos da la seguridad de que veremos con nuestros ojos lo que hemos esperado.

> *Porque donde ustedes tengan su tesoro, allí también estará su corazón.*
> Lucas 12:34, RVC

Coincidirás conmigo en que *"Abraham, el cual es padre de todos nosotros"* (ver Romanos 4:16b) era un hombre espiritual. Abraham desarrollaba una profunda comunión con Dios y, a su vez, era *"… riquísimo en ganado, en plata y en oro"* (ver Génesis 13:2). Su riqueza material no dañaba su vida espiritual.

Puedo decir sin temor a equivocarme que la verdadera espiritualidad de una persona, cuando posee recursos materiales, se evidencia por la forma en que actúa con ellos. La manera en que distribuya sus bienes mostrará dónde está *su verdadero tesoro*. Sea mucho o sea poco, allí, en donde invierta lo que posee, *estará su corazón*. Se necesita mayor medida de espiritualidad para administrar mucho que para administrar poco.

La verdad central de lo que vengo compartiendo contigo es con el fin de considerar con honestidad, ante el Señor, cuál es nuestra manera de pensar y actuar cuando recibimos medios económicos. ¿Nos disponemos a ser gobernados por el Espíritu Santo para que Él nos dirija y nos indique cómo administrar esos recursos? Estoy firmemente convencido de que el Señor mira a sus hijos como los mejores y más prósperos empresarios, *pero con una mentalidad enfocada en su Reino.* Si lo que invertimos en los *negocios de la vida* es mucho mayor a lo que invertimos en los *negocios de "mi Padre"* (ver Lucas 2:49), ¿dónde, pues, está nuestro tesoro? ¿Dónde está nuestro corazón?

Cuando poseemos una *mentalidad de cabeza* invertimos abundantemente en el Reino de los cielos, pero no lo hacemos enfocados en las finanzas que vamos a cosechar. Sabemos que cada siembra realizada en el Reino ha sido dirigida y ordenada por el Espíritu Santo, y ese es nuestro gozo, confianza y seguridad. Los que en verdad se comportan como cabeza son grandes inversores en el Reino de Dios porque saben que aquél que dijo: *"Dad y se os dará...", es absoluta e inmutablemente fiel.*

Al hablar del *dar*, estamos tocando la esencia de Dios. *"Porque de tal manera **amó** Dios al mundo, que ha **dado a su hijo**..."* (Juan 3:16, énfasis añadido).

Si un creyente en Cristo considera que conoce al Señor y que camina en su voluntad, pero a su vez es avaro o tacaño, se engaña a sí mismo y su supuesta comunión con el Señor es vana. Es imposible ser hijo de Dios y ser avaro. La Palabra declara que el avaro es un idólatra, y por tal motivo, no tiene herencia en el Reino de Cristo y de Dios (ver Efesios 5:5). La generosidad es parte esencial de la genética del Señor en nosotros, por ser participantes de su naturaleza divina. Él nos dio de su genética para que seamos como Él es. Los hijos de Dios somos *genéticamente generosos*. Podemos, entonces, afirmar nuestras vidas y todas nuestras acciones en una gran verdad: *el Padre generoso engendra hijos generosos.*

La generación que conquista la tierra vive quitando la vista de su beneficio personal y de su propia necesidad.

La generación que conquista la tierra vive dedicada a cumplir la misión que Cristo le encomendó: ser bendición.

La generación que conquista la tierra invierte su vida y dinero en el Reino de Dios porque allí están su tesoro y su corazón.

La generación que conquista la tierra vive quitando de su corazón el espíritu de escasez, a fin de lanzarse osadamente a la aventura de fe, confiando en lo que Dios dice.

La generación que conquista la tierra posee un espíritu generoso, muestra a todos que su Padre es Dios.

La generación que conquista la tierra vive experimentando con sumo gozo las palabras de su Rey y Señor: "Mas bienaventurado es dar que recibir".

La Iglesia de Cristo de esta generación sabe que es cabeza y no cola; Dios ha delegado en ella la misión de ser la generación que conquista la tierra.

Capítulo 14

Generación en conquista

El pueblo subió luego a la ciudad, cada uno derecho hacia adelante, y la tomaron.
Josué 6:20c

Pídeme, y te daré por herencia las naciones, y como posesión tuya los confines de la tierra.
Salmo 2:8

La palabra *conquista* y la frase *conquistar la tierra*, son expresiones que utilicé desde el inicio de este libro para referirme, respectivamente, al espíritu y a la labor de la Iglesia en el mundo. Soy consciente de que la palabra *conquista* se asemeja a palabras como *hartar* y *germen*, porque son escasas las veces que las asociamos y usamos con un significado positivo. Su connotación negativa es la que se usa con mayor frecuencia

Como ejemplo de lo que estoy afirmando, observemos la palabra *hartar*. El primer significado que brinda el diccionario de la Real Academia Española es el siguiente: "Saciar, incluso con exceso, a alguien el apetito de comer o beber"[1]. Otros de sus significados son similares: "Dar, suministrar a alguien con demasiada abundancia y satisfacer el gusto o deseo de algo"[2]. Aunque nos resulte extraño y difícil de aceptar, el término *hartar* tiene más significados positivos que negativos. Como contrapartida, uno de sus significados más populares e indiscutiblemente negativo, es "fastidiar, y cansar"[3], que sin duda es el que más utilizamos. La costumbre de usar la palabra *hartar* para referirnos a una cuestión que nos fastidia hasta el extremo, hace que cada vez que la escuchemos o la utilicemos sea para referirnos a un asunto negativo.

      Algo similar ocurre con el término *germen*, el cual he utilizado en el capítulo diez de este libro. Al escuchar esta palabra inmediatamente pensamos en "microorganismos que pueden causar o propagar enfermedades"[4]. Aunque este significado negativo es verdadero, lo que solemos olvidar es que la mayoría de los significados de esta palabra son positivos. Veamos algunos de ellos: "Principio simple y primitivo del que deriva todo ser viviente. Parte de la semilla que ha de formar la planta. Primera punta que sale de una semilla. Principio, origen de una cosa"[5]. A estas alturas, la evidencia se ha convertido en irrefutable.

      Lo que acabas de observar sirve de base para explicar el sentido espiritual correcto de la palabra *conquista* aplicado a la Iglesia de Cristo y a su labor en la Tierra. No podemos ni debemos olvidar que el término *conquista* suele provocar cierto rechazo porque se lo asocia principalmente con dos fuertes concepciones negativas. La primera deriva de la desolación, vejación y destrucción sufridas por muchas naciones que fueron brutalmente sometidas, violentadas, ultrajadas y conquistadas por otras. La segunda procede de la hipócrita y ventajera acción de quien usa la seducción como arma de conquista, con el perverso objetivo de aprovecharse de otras personas.

Todos los sentidos negativos que acabamos de ver acerca de la palabra conquista son innegablemente correctos. No obstante, lo que no es correcto ni justo, es eclipsar el significado completo de la misma, confinándola a las acepciones o ideas negativas que ella tiene. Entre sus significados, *conquista es*: "Persona cuyo amor se logra; y ganancia o adquisición de bienes"[6]. Al observar la palabra *conquista* desde la perspectiva de los dos significados recién expuestos, comprobamos que el mismo Señor Jesús se mostró como el modelo perfecto de *conquista* al expresar: *"»Dios amó tanto a la gente de este mundo, que me entregó a mí, que soy su único Hijo, para que todo el que crea en mí no muera, sino que tenga vida eterna"* (Juan 3:16, TLA, énfasis añadido).

Definitivamente, el plan que Dios ideó para darnos vida eterna es un *plan de conquista*. Fue Él quien decidió *conquistarnos con su amor incondicional al dar a su Hijo* para que se entregara por nosotros, mientras aún vivíamos a espaldas de Él. En síntesis, el significado de la palabra *conquista*, definido como *persona cuyo amor se logra*, fue encarnado por el mismo Señor, quien nos conquistó con su amor inalterable. Por causa de ese amor tan profundo, inigualable e inmerecido, fuimos conquistados tan intensamente, que vivir para Cristo y amarlo más que a nadie y a nada surge espontáneamente de todos aquellos que somos sus discípulos. El Señor no nos conquistó usando la fuerza bruta o la seducción carnal; lo hizo a través de su entrega absoluta de amor incondicional, que no esperó reciprocidad, y por medio de la cual, *logró que lo amemos*. *La conquista realizada por Jesucristo es la antítesis perfecta de la conquista brutal y egoísta llevada a cabo por los seres humanos entre las naciones del mundo.*

Seguidamente, analicemos la segunda acepción positiva de la palabra *conquista*, que la define como *ganancias o adquisición de bienes*. El mismo Jesús, siendo un muchachito, se quedó en el templo de Jerusalén conversando con los doctores de la ley. Cuando José y su madre, María, lo encontraron después de varios días de buscarlo, Él les respondió: *"... ¿Acaso no sabían que es necesario que me ocupe de los **negocios de mi Padre**?»"* (Lucas 2:49b, RVC, énfasis añadido). ¿Cuáles eran para Jesús los negocios, asuntos o cosas de su Padre? Eran *las ganancias o bienes que debía adquirir para Dios:* seres humanos.

Acabamos de meditar en la actitud y las palabras de Jesús, y pudimos palpar de manera tangible el *espíritu de conquista* según Dios. Ahora, comprobaremos por las Escrituras que el Señor le impartió ese mismo espíritu a su Iglesia.

En primer lugar, el registro bíblico muestra a cada miembro del cuerpo como un *soldado de Cristo*. Cada uno de ellos debe estar vestido con *la armadura de Dios*, y usar *las armas poderosas en el Señor* para ser efectivo en su milicia (ver 2ª Timoteo 2:3, Efesios 6:11, 2ª Corintios 10:4).

En segundo lugar, el Espíritu Santo escogió usar *términos militares* como el vocabulario apropiado para referirse al *espíritu de conquista* con el cual la Iglesia realiza su labor en el mundo. Estas evidencias bíblicas son más que suficientes para confirmar que el mismo Señor nos ha involucrado en una verdadera guerra de conquista, cuya naturaleza es completamente distinta a las conquistas que el mundo realiza. En la guerra de conquista que nosotros libramos no luchamos "*... contra gente de carne y hueso, sino contra principados y potestades, contra los que gobiernan las tinieblas de este mundo, ¡contra huestes espirituales de maldad en las regiones celestes!*" (Efesios 6:12, RVC).

No cabe discusión, donde existen *soldados, armadura, armas, milicia y lucha,* entonces hay una *batalla* que librar y algo que *conquistar.* Ahora bien, no existe ninguna relación entre la concepción de conquista que debe impulsar a la Iglesia en su tarea, con la concepción que el mundo tiene acerca de la conquista. Es obvio que estas dos concepciones acerca de la conquista son completamente opuestas entre sí en origen, espíritu y acción. La Iglesia *conquista la tierra* al batallar contra las tinieblas, para que las personas que están cautivas bajo el dominio satánico sean libres y reciban el poderoso evangelio de Cristo, a fin de ser *conquistadas* por el amor inalterable e incondicional del Señor Jesús.

Ticket de Promesas

Se cuenta de un siervo de Dios llamado Juan, que compró un pasaje de barco para trasladarse a un país muy lejano. Dios le había enviado con la misión de evangelizar una ciudad en particular. Como el viaje era de varios días, se preparó lo mejor que pudo. Su economía era muy escasa, por tal motivo, lo único que compró fue una longaniza (especie de embutido). Se dedicó con esmero a medir la longaniza para después cortarla en rodajas, y así, determinar la cantidad de rodajas diarias que comería, según la cantidad de días de viaje, de tal modo que no le faltara alimento. Sin embargo, medir la longaniza le llevó tiempo y le sirvió de muy poco, porque el hambre era más fuerte que su resuelta decisión de respetar la cantidad de rodajas diarias.

Cuando Juan se paseaba por los pasillos de la hermosa nave, podía observar que a la hora de comer todos los pasajeros disfrutaban de deliciosos manjares. Al llegar el último día, Juan estaba muy hambriento, contemplando los suculentos platillos que eran servidos a bordo. En ese momento se le acercó el capitán de la nave. Lo saludó y amablemente le dijo:

—Amigo, en estos días he estado observándolo y he visto que no ha participado de ninguno de los servicios de comidas, ¿siente usted algún malestar o padece alguna enfermedad?

Muy avergonzado de tener que referir al capitán su condición, Juan se sonrojó, tragó saliva y respondió:

—Capitán, mi presupuesto no alcanzaba para cubrir tan lujoso servicio de comidas.

A lo que este respondió:

—Señor, ¿me puede facilitar su ticket?

—Con todo gusto, —dijo Juan.

—Estimado amigo, —expresó tristemente el

capitán — *usted se perdió lo mejor de este viaje*. Este ticket le daba el derecho de recibir todos los servicios que este barco ofrecía a bordo, sin ningún costo extra. Este ticket le daba el derecho de recibir todos los servicios que este barco ofrecía a bordo, sin ningún costo extra.

En el ticket que Juan poseía se describían las condiciones y los beneficios de su viaje. Por falta de lectura o por un prejuicio personal, él creyó que si no tenía dinero para pagar las comidas, entonces debía sufrir hambre.

El ticket de Juan y la Biblia tienen mucho en común. En ella se expresan las condiciones del viaje a la patria celestial y las promesas que podemos disfrutar en la Tierra. Por muchos años hemos navegado en este "barco de la salvación" ignorando a veces lo que promete la Palabra de Dios. Ya sea por falta de lectura, por prejuicios religiosos o teológicos, hemos perdido lo mejor del viaje. Los *beneficios* son las promesas que *el Señor ha dejado por escrito* para que su pueblo las posea y disfrute.

> »*De cierto, de cierto les digo: El que cree en mí, hará también las obras que yo hago; y aun mayores obras hará, porque yo voy al Padre. Y todo lo que pidan al Padre en mi nombre, lo haré, para que el Padre sea glorificado en el Hijo. Si algo piden en mi nombre, yo lo haré.*
>
> Juan 14:12-14, RVC

¿Cómo podremos hacer mayores obras sin comprender cabalmente nuestra posición como hijos de Dios? Las mayores obras que Jesús nos delegó están relacionadas directamente con su ascensión al cielo, junto al Padre.

> *Y juntamente con él nos resucitó, y asimismo nos hizo sentar en los lugares celestiales con Cristo Jesús.*
>
> Efesios 2:6

Hablando en términos espirituales, cuando Jesús ascendió al Padre no lo hizo solo, sino que nos llevó junto con Él. Allí recibimos una condición de autoridad inigualable; *ahora estamos sentados con Cristo en lugares celestiales*. Siendo así, no debemos seguir viéndonos como seres netamente terrenales, y olvidar que Cristo nos sentó en lugares celestiales, concediéndonos autoridad y poder. Aquellos que formamos parte de la Iglesia de Cristo somos *"... la plenitud de aquel que lo llena todo por completo"* (Efesios 1:23, NVI).

La mayor parte de nuestras oraciones están hechas *de la tierra al cielo*, es decir, con una mentalidad de que solo somos seres humanos, y por lo tanto, nuestra única opción es tener los pies en la Tierra. Muy pocas veces utilizamos la oración más importante que Jesús nos dio como arma contra las tinieblas. Esta clase de oración se hace *del cielo a la tierra*, es decir, desde la poderosa condición y posición de seres celestiales que tienen sus pies en el cielo. Es una oración de autoridad, sin la cual es imposible que hagamos *las mayores obras* que Jesús nos delegó. La generalidad de las oraciones del pueblo de Dios son *peticiones*, pero Jesús también enseñó sobre un tipo de oración que es una *orden* porque se trata de declaraciones hechas con autoridad. Él nos enseñó: *"«Porque de cierto les digo que cualquiera que diga a este monte: "¡Quítate de ahí y échate en el mar!", **su orden se***

***cumplirá**, siempre y cuando no dude en su corazón, sino que crea que se cumplirá"* (Marcos 11:23, RVC, énfasis añadido). Cuántos montes que detienen la voluntad de Dios sobre la faz de la tierra deben ser quitados por nosotros, su Iglesia, por medio de la oración del cielo a la tierra, la oración de autoridad.

> *Es verdad que aún somos seres humanos, pero no luchamos como los seres humanos. Las armas con las que luchamos no son las de este mundo, sino las poderosas armas de Dios, capaces de destruir fortalezas y de desbaratar argumentos y toda altivez que se levanta contra el conocimiento de Dios, y de llevar cautivo todo pensamiento a la obediencia a Cristo.*
> 2ª Corintios 10:3-5, RVC

Todos sabemos muy bien que por medio de la victoria de Cristo hemos recibido de nuestro *General del ejército* las armas necesarias para batallar en el mundo; pero *tener armas no nos hace vencedores; saber usar bien las armas nos da la victoria.*

Escuadrones del Dios viviente

David era un hombre experimentado en la guerra, ya que debió enfrentar muchas batallas. Sin duda, la contienda más importante que afrontó fue contra Goliat. Era apenas un muchacho joven e inexperto. La confianza de David no estaba colocada en su habilidad, sino en el poder de Dios. Las armas que David esgrimió ante semejante gigante se podrían considerar irrisorias. Nadie creía que este muchacho pudiera vencer a Goliat. Es más, todo un ejército de hombres valientes y preparados para la guerra vivió en pánico durante cuarenta días por la agresión de este hombre fuerte. ¿Cuál fue la razón por la que un ejército preparado y armado estaba vencido, pero un muchacho sin preparación ni armas venció? La razón principal era la actitud del corazón.

Los soldados israelitas conformaban el *escuadrón del Dios vivo;* sin embargo, el temor se había apoderado de sus corazones. No confiaban en Dios, tampoco en sus armas. En ese momento, todas las promesas del pacto de Dios para con ellos se esfumaron de su mente y corazón. En su interior estaban vencidos, y por esa condición de temor y desconfianza, Dios estaba imposibilitado de actuar.

Cuando David se acercó a la escena, lo único que vio fue un enemigo de Dios que se levantó para mofarse de Él y de su pueblo. ¿Y qué del gigante, su estatura, su fuerza, sus armas y su coraza? David no se dejó atemorizar. Confió en Dios tan resueltamente, que enfrentó a Goliat con las mismas armas que había usado siempre para defender a las ovejas. David desechó las armas de guerra y las ropas protectoras que el rey Saúl le ofreció. ¿Por qué? *Porque David sabía que la lucha contra Goliat, más que una batalla natural, era una verdadera guerra espiritual en la que de nada servía confiar en las armas de la carne.*

El gigante Goliat despreció y maldijo a David, pero este joven muchacho, rubio y de hermoso parecer, sabía quién era su Dios. Conocía la unción y la autoridad que el Señor había puesto en él. Es notable que solo después de que David venció a Goliat, el ejército de Israel pudo quitar de sí "la parálisis del temor" y perseguir a sus enemigos hasta derrotarlos. Lo cierto es que *cuando el temor al enemigo domina la vida, no hay preparación, ni armas, ni Dios, que nos pueda dar la victoria.*

Amada Iglesia de Cristo, hemos recibido la unción, la autoridad y las poderosas armas espirituales para la destrucción de fortalezas. Esta es la hora decisiva, la hora de "sacudirnos la parálisis del temor" que el enemigo ha puesto sobre nosotros por mucho más de "cuarenta días". El enemigo le teme a lo que somos y tenemos en Cristo. Por esa razón, el mofarse de nosotros, de las armas y de nuestra confianza en el Señor, es una estrategia para disfrazar su temor y procurar que nos acobardemos y retrocedamos hasta paralizarnos. De hecho, cuando nos paramos firmes en lo que *somos* como *pueblo comprado y lavado con la sangre de Cristo*, en lo que *tenemos* al confiar en nuestro *Dios Todopoderoso*, y en las *poderosas armas* de milicia, deshacemos completamente las estratagemas del diablo.

El enemigo sabe muy bien que si nos afirmamos en la posición celestial de autoridad que Jesucristo nos ha dado, él debe retroceder y huir. Él usa todas sus fuerzas para amedrentar a la Iglesia de Cristo con mentiras y todo tipo de dificultades. El diablo conoce las Escrituras, y por ellas sabe que todo lo que Dios quiera hacer en el mundo debe realizarse a través de su Iglesia. *Si detiene y paraliza con temor al cuerpo de Cristo, estará deteniendo la plena realización de la voluntad de Dios en la tierra.*

Nosotros, la Iglesia de Cristo, nos paramos frente al enemigo por el poder del Espíritu Santo y afirmamos en su fea cara: *"... mas el pueblo que conoce a su Dios se esforzará y actuará"* (Daniel 11:32b).

Hijo de Hombre: ¡Profetiza!

Estamos viviendo en los últimos tiempos. La humanidad se ha vuelto más insípida, y la oscuridad más densa. Es el tiempo preciso para que la sal comience a salar más que nunca; y que la luz sea más resplandeciente. El potente evangelio de la gracia de Jesucristo debe alumbrar a todo hombre, hasta en el último rincón de la tierra.

Al observar la sociedad llamada moderna, lo único que encontramos son los mismos viejos pecados, pero elevados a la enésima potencia. La realidad presente me hace recordar el valle de los huesos secos que se relata en el libro del profeta Ezequiel.

Como dije en un capítulo anterior, Dios tiene un gran sentido del humor y una graciosa costumbre: hacer preguntas que el ser humano jamás podrá responder con sabiduría, según las capacidades o posibilidades humanas. Así le sucedió al profeta, cuando el Señor le preguntó: *"... «Hijo de hombre, ¿cobrarán vida estos huesos?» Yo le contesté: «Señor y Dios, tú lo sabes.»"* (Ezequiel 37:3, RVC). Es evidente que Ezequiel no tenía la respuesta; Dios tampoco la esperaba.

La visión de Ezequiel ante esos huesos secos significaba su propia incapacidad de poder hacer algo que los volviera a la vida. Eso era justamente lo que Dios buscaba. El profeta necesitaba enfrentarse a su incapacidad personal y a su falta de poder humano para cambiar esa realidad. Entonces, cuando lo humano llegó al punto de reconocer su total incapacidad, el Señor pudo elevar a Ezequiel a un plano superior y sobrenatural en el que nada dependía de lo natural y humano. De pronto, y debido a que Ezequiel era "un incapaz", el Señor pudo convertirlo en su instrumento para llevar a cabo una obra milagrosa y deslumbrante en que su única acción era sencilla, pero irreemplazable; profetizar una orden precisa: *"... Huesos secos, oigan la palabra del Señor. Esto es lo que Dios el Señor les dice: 'Huesos, voy a hacer que entre en ustedes el espíritu, y ustedes volverán a vivir'"* (Ezequiel 37:4-5, RVC). Si Ezequiel hubiera actuado como nosotros solemos hacerlo, podría haberse excusado diciendo:

—Señor, yo no tengo el poder de dar vida, ni de crear carne, ni de dar espíritu.

A lo cual Dios hubiera respondido:

—Ezequiel, no te envío a profetizar y a hacer esta obra en tu poder o en tu fuerza, sino en el poder de *mi Espíritu, que está sobre ti.*

La Biblia dice que el profeta fue obediente y profetizó. Cuando lo hizo, el milagro comenzó a suceder. Los huesos se unieron, subió a ellos carne y tendones, les fue dado espíritu, y por último, Dios puso *su Espíritu* en ellos. ¿Qué hubiese sucedido si Ezequiel no profetizaba? ¡Nada! Alguien tal vez dirá: Pero Dios es Todopoderoso y puede hacer lo que quiera cuando así lo desee. Sin embargo, este pensamiento es uno de los principios errados que la Iglesia ha mantenido por mucho tiempo.

Creemos que Dios hará que las cosas sucedan espontáneamente. Es necesario aclarar que los sucesos relacionados con lo profetizado en la Biblia, y que se refieren a las señales de los últimos tiempos y a la venida del Señor, sucederán inexorablemente. No obstante, no podemos confundir esa realidad profética con la responsabilidad ineludible que la Iglesia tiene como canal de Dios en la Tierra. El cuerpo de Cristo es responsable si falla en su misión por incredulidad, temor, desobediencia, no predicar el evangelio o no obrar resueltamente en la autoridad que Dios le ha delegado. Dios diseñó a la Iglesia para que sea absolutamente exitosa en su misión de conquista, equipándola con el Espíritu Santo y su poder. *A medida que la Iglesia se mueva en autoridad, Dios se moverá; si ella no lo hace, entonces, Dios tampoco lo hará.*

Si nos quedamos contemplando este "valle de huesos secos", que es la sociedad en la cual vivimos, y dentro de nosotros mismos decimos: "Esto no va a cambiar, no tiene remedio, no hay salida, el caos es total", estaremos viendo el panorama según nuestro entendimiento, basados en nuestras propias fuerzas para cambiar la situación. Antes de poder obrar, Dios necesita llevarnos al punto en que reconozcamos nuestra total incapacidad humana, para quitar de nosotros la visión terrenal y natural, a fin de poner en nosotros *su visión*. Dios está dando a la Iglesia de este tiempo la misma orden que le dio a Ezequiel, *"Hijo de Hombre: ¡Profetiza!"* Si la Iglesia no vive unida como lo que es, el cuerpo de Cristo; si no piensa con una sola mente, *la mente de*

Cristo; si no vive y anda en un solo Espíritu, *el Espíritu de Cristo,* no será capaz de cumplir con la orden de Dios de *profetizar...*

> *... Espíritu, ven de los cuatro vientos, y sopla sobre estos muertos, y vivirán.*
>
> Ezequiel 37:9b

Estamos en los últimos tiempos, en los cuales, Dios ha prometido *derramar su Espíritu* sobre toda carne. Esto no ocurrirá como una acción arbitraria de Dios. La Iglesia, unida, saturada del Espíritu Santo y de la gloria de Dios, es la responsable de que el Espíritu Santo sea derramado sobre la faz de la tierra. Dios ha decidido realizar *todas sus obras* en este mundo por medio del cuerpo de Cristo: *la Iglesia.*

Si anhelamos ser la generación que experimente la verdad de la Palabra de Dios cuando dice: *"... te daré por herencia las naciones, y por posesión tuya los confines de la tierra"* (Salmo 2:8), tendremos que ser los soldados del escuadrón del Dios viviente, la generación que conquista la tierra. No podremos vivirlo si nos excusamos ante Dios, argumentando la degradante condición del mundo actual. Debemos avanzar en fe, firmemente basados en Cristo, ya que nuestro Rey no está por vencer, sino que ¡es vencedor!, y su triunfo es por la eternidad.

La única manera en que tendremos el privilegio y el honor de escuchar al Señor decir: *"mi pueblo es una generación en conquista",* será cuando confiemos plenamente en el Espíritu Santo, a fin de experimentar la victoria de Cristo.

La generación que conquista la tierra conoce las condiciones y beneficios de su viaje a la patria celestial.

La generación que conquista la tierra sabe que ascendió a los cielos junto con Cristo.

La generación que conquista la tierra sabe usar la oración de autoridad: del cielo a la Tierra.

La generación que conquista la tierra experimenta las mayores obras porque vive en la autoridad celestial.

La generación que conquista la tierra sabe que las armas que Dios le ha entregado son poderosas.

La generación que conquista la tierra sabe que pertenece al escuadrón del Dios viviente.

La generación que conquista la tierra vive desarraigando de su corazón la parálisis del temor.

La generación que conquista la tierra se esforzará y actuará porque conoce a su Dios.

La generación que conquista la tierra sabe que Dios la ha equipado para la misión, con el Espíritu Santo y su poder.

La generación que conquista la tierra sabe que debe moverse en autoridad para que Dios también se mueva.

La generación que conquista la tierra sabe que tiene la responsabilidad de profetizar: "Espíritu, ven de los cuatro vientos".

La generación que conquista la tierra vive tomando como posesión suya los confines de la tierra.

La Iglesia de Cristo de esta generación sabe que es cabeza y no cola; Dios ha delegado en ella la misión de ser la generación que conquista la tierra.

[1,2,3,4,6] www.rae.es, Diccionario de la Lengua Española, Vigésima Segunda Edición.
[5] García-Pelayo y Gross, *Diccionario Enciclopédico de Todos los Conocimientos, Pequeño Larousse*, Ediciones Larousse, París, Francia, 1981, página 435.

Acerca del Autor

Daniel Cipolla es uno de los fundadores del *Ministerio Generación en Conquista*, iniciado en el año 1997, el cual brinda dirección y guía espiritual a diversos ministerios en el mundo.

Es autor de varios libros y diversas series de capacitación ministerial y desarrollo espiritual.

Entre los títulos teológicos que posee, se destaca el Doctorado en Filosofía con especialización en Liderazgo Internacional, otorgado por *Vision International University*, con sede central en Ramona, California.

Es graduado del Conservatorio Superior de Música *Manuel de Falla*, de la ciudad de Buenos Aires, como Maestro en Dirección Coral y Maestro de Canto, siendo distinguido con la medalla de oro de dicha institución.

Ha grabado diversas producciones musicales y participó en diferentes eventos como cantante solista y director de coro.

Daniel y su esposa Marta viajan por el mundo impartiendo conferencias, seminarios y talleres, con la finalidad de afirmar a las personas en la fe de Cristo y que los principios y valores del Reino de Dios sean una experiencia cotidiana.

Daniel y Marta Cipolla residen actualmente en Miami, Florida, son padres de Jairo y Mariel y abuelos de varios nietos.

Para conocer más acerca del
Ministerio Generación en Conquista
y encontrar otras enseñanzas del autor, visite

www.generacionenconquista.org

Ideas que transforman gente
es nuestro lema y estamos trabajando
para cumplir ese objetivo eficazmente.

Nos agradaría mucho recibir
tus preguntas y comentarios.

Escríbenos a: **contacto@nikhosideas.org**

También puedes visitar: **www.nikhosideas.org**

www.ingramcontent.com/pod-product-compliance
Lightning Source LLC
LaVergne TN
LVHW030636080426
835510LV00023B/3387